Birgit Weidinger (Hrsg.)

Warum ist die Leberwurst beleidigt?

Birgit Weidinger (Hrsg.)

Warum ist die Leberwurst beleidigt?

Sprichwörter und Redensarten – und was dahintersteckt

Bassermann

Inhalt

Vorwort

Wer hatte das erste Wort? Und wann wurde es gesprochen? Zahllos sind die Theorien über die Anfänge unserer Sprache. Hat sie sich aus spontanen Äußerungen von Schreck, Freude, Schmerz entwickelt, hat sie Geräusche aus der realen Welt aufgenommen? Welche Rückschlüsse erlaubt uns die Beobachtung von Kindern, die sprechen lernen? So viel ist klar: Alle Sprachen wollen Sachverhalte beschreiben oder Gedanken mitteilen. Das tun sie auf ebenso unterschiedliche wie reichhaltige Art und Weise.

Dieser kleine Band greift eine der unerschöpflichen Varianten des Sprachreichtums auf, die Redewendung im weitesten Sinn. Hierzu zählen wir auch die sprichwörtlichen Redensarten, bildkräftige Ausdrücke in Einzelwörtern und Schlagwörter. Sie alle sind Gegenstand von „Fragen unserer Leser“. Die Neugier und die Lust, über oft merkwürdig oder unverständlich klingende Wendungen Auskunft zu erhalten, bringt uns jede Woche briefliche Anfragen, E-Mails, ab und zu auch telefonische Erkundigungen aus der ganzen Republik – und immer wieder auch die Bitte um Herausgabe dieser Fragen in Buchform. Voilà: Hier ist nachzulesen, wo der Bart(h)el den Most holt, warum es nicht heißt „oans, zwoa, droa, gsuffa“, wieso die Vier auf den Zifferblättern der Kirchenuhren oft so merkwürdig aussieht und was ein „Treppenwitz der Geschichte“ bedeutet. Warum hat der allseits geläufige und gewünschte „gute Rutsch“ zum neuen Jahr nichts, aber auch gar nichts, mit winterlicher Eisglätte zu tun? Woher stammt das absonderliche Wort „Menkenke“?

Unter Einbeziehung möglichst vieler Quellen forschten die SZ-Autoren im Dickicht der Spuren. Am Ergebnis soll der Leser seinen Spaß haben, es soll ihm ein Licht aufgehen, wenn er in den neun Kapiteln blättert, die sich mit Lebens-, Arbeits- und Gemütszuständen aller Art befassen – dann freut er sich hoffentlich wie ein Schneekönig.

Birgit Weidinger

1.

Himmel *und* Hölle

Und dann hat es Bum gemacht

Herr Friedrich Schäfer aus München möchte wissen: „Was war eigentlich vor dem Urknall?"

Sehr geehrter Herr Schäfer,

seit Kopernikus ist die Erde nicht mehr das Zentrum des Alls; seit Darwin sind wir selbst nur ein Glied in einer langen Kette der Evolution; und seit Freud wissen wir, dass wir nicht einmal Herr im eigenen Hause sind. Und jetzt wollen Sie wissen, was vor dem Urknall los war bei uns hienieden ...

Eine große Frage, die schon deshalb so schwer zu beantworten ist, weil wir trotz intensiver Recherche keine Zeitzeugen oder sonstigen Informanten ausfindig machen konnten, die uns glaubwürdig hätten berichten können von den fragwürdigen Schöpfungsvorgängen, bei denen es sich möglicherweise um eine Frühform der heutigen Chaostage handelt. Auch das Studium der einschlägigen Fachliteratur war wenig ergiebig, weil dort zwar allerlei über Gammastrahlen, das Plancksche Quantenprinzip und Schwarze Löcher zu erfahren ist, aber nichts über Ihren besonderen Kasus.

Wenn wir Sie richtig verstehen, Herr Schäfer, wollen Sie ja nicht wissen, was war, als alles begann. Das allein wäre schon eine harte Nuss. Sie wollen wissen, was vorher, vor dem Anfang war. Da klafft bei den empirisch operierenden Naturwissenschaften naturgemäß eine Wissenslücke. Auch die Urknalltheorie ist ja nur ein Erklärungsversuch. Demnach wurde durch den Big Bang das All vor vielen, vielen Monden aus dem Nichts geboren – musikalisch begleitet wahrscheinlich von einer höllisch lauten Ursonate – und dehnt sich seither permanent aus. Aber seien wir ehrlich: Eine unendliche Ausdehnung ist so wenig vorstellbar wie ein unendlicher Raum. Wenn es einen Big Bang gab, so die weitere Annahme der Kosmologen, wird es einmal auch einen Big Crunch geben müssen, den großen Zusammenbruch des Alls, der zur Folge hat, dass dann ein neues Weltall entsteht, rätselhaft und dunkel wie das alte. So gesehen könnte es also auch sein, dass die Berechnungen des wackeren anglikanischen Prälaten Ussher aus dem 17. Jahrhundert zutreffen, wonach die Welt am 23. Oktober 4004 v. Chr. geschaffen wurde.

Merken Sie, verehrter Herr Schäfer, wie wir uns bei aller Spekulierlust allmählich zu verzetteln beginnen? Wie wir uns im Kreis drehen? Es kann also kein Zufall sein, dass sich schon die alten Griechen (Aristoteles, Eratosthenes) das Universum als riesengroße Kugel vorstellten. Dieses Bild hat nicht nur den Vorteil, dass man in einer hohlen Kugel allerlei unterbringen kann (Milchzähne, Milchschnitten, Milchstraßen), es bietet auch eine Lösung für das Unendlichkeitsproblem: Fährt man nämlich entlang der Kugelgrenze, gerät man nicht ins Unendliche, man kommt vielmehr nach einiger Zeit wieder zum Ausgangspunkt zurück. Deshalb sympathisierten auch die seefahrenden Entdecker mit der Vorstellung von der Erdkugel, weil Hoffnung auf Rückkehr bestand: Man kippte mit seinem Schiff nicht einfach ins Bodenlose, wie es das Scheibenbild glauben machte.

Aber auch die Theorie des gekrümmten Raumes, der sich nur krümmt, weil es darin Zeit und Bewegung gibt, löst unser Problem nicht. Sie verschiebt es bloß – hinein ins Reich der Hirnforschung, wo man sich gar sehr damit abplagt, eine Brücke zu schlagen von der Materie zum Geist, etwa dadurch, indem man sich mit der Entstehung der Welt im Kopf beschäftigt. Was aber – stecken doch womöglich in den zwölf Milliarden Neuronen, aus denen das menschliche Gehirn besteht, nicht weniger

Rätsel als in den zwölf Milliarden Jahren, die seit dem Urknall vergangen sein sollen – vor allem wieder viel Verwirrung stiftet. Um es abzukürzen, verweisen wir jetzt auf den Weltenerklärer Newton, der das Universum nach langer Grübelei schlussendlich als *Leib Gottes* (sensorium dei) bezeichnete. Und auf den Unschärfespezialisten Botho Strauss, der das schöne Wort von der *Beginnlosigkeit* erfand, um uns ein Vorgefühl von Ewigkeit und Unsterblichkeit zu geben.

Solche schwer ins Metaphysische lappende Verweise sind es auch, die uns ermutigen, ein Szenario für nicht ganz undenkbar zu halten, wie es auf der anfangs gezeigten Illustration zu sehen ist: Kurz vor dem Urknall haben sich alle, die schon da waren, die Ohren zugehalten. Sie halten das für Humbug? Aber schön, dass wir mal darüber gesprochen haben, Herr Schäfer! Und denken Sie immer an Herbert Achternbuschs erkenntnistheoretischen Grundsatz: „Nix ist besser als gar nix."

von Sven Siedenberg

Wurzelhafte Begnadung

Gisela und Leo Baumann aus Erlenmoos sind irritiert von der „Unbefleckten Empfängnis"

Liebe Frau Baumann, lieber Herr Baumann,

dass Sie mit Ihrer Irritation nicht allein stehen, ist zwar kein echter Trost, aber wo die Mehrheit einen theologischen Terminus nicht versteht, sollte man sich auch nicht allzu sehr grämen, wenn man dieser Mehrheit angehört. Im Grunde hat es sich die Katholische Kirche selbst zuzuschreiben, dass die Leute bei der Unbefleckten Empfängnis spontan an etwas Unsauberes denken. Indem sie das Sexuelle fast panisch mit Schweinischem in Verbindung brachte, schuf sie ideale Voraussetzungen für Missverständnisse.

Vorweg: Eine befleckte Empfängnis als Pendant zur unbefleckten gibt es nicht. Das erleichtert den Zugang jedoch so wenig wie der Hinweis im alten *Schott*, Maria lade uns in der poetisch schönen, aber sachlich eher vagen Lesung ein, „uns an den süßen Früchten ihrer Begnadigung" zu laben. Im Kern geht es bei der Unbefleckten Empfängnis darum, dass Maria, die Mutter Jesu, vom ersten Augenblick ihrer eigenen, sie selbst ins Dasein führenden Empfängnis frei war von jeglichem Makel der Erbsünde, immaculata. Die Erbsünde aber ist, Sie wissen es sicher, die durch Adams und Evas Sündenfall bewirkte angeborene Sündhaftigkeit des Menschengeschlechts.

Nun sind viele Durchschnittsgläubige der Ansicht, dass die Geburt Jesu auch ohne unbefleckte Empfängnis Mariä eine feine Sache gewesen wäre. Die Theologie hatte in diesem Punkt freilich früh den Ehrgeiz, ein größeres göttliches Konzept sichtbar zu machen respektive erst zu entwickeln. Die biblische Grundlage dafür fand man in Texten, die sich mit der im Mutterleib anhebenden Berufung etwa von Propheten befassten und daher höchlich geeignet waren, einen *erwählend zurüstenden und befähigenden Ratschluss Gottes* zu konstituieren. In der Folge war viel von Reinigung durch den Heiligen Geist die Rede; Augustinus forderte um der Heiligkeit Christi willen die Heiligkeit auch der Mutter.

In Fachbüchern kann man viel Schönes über die Sache lesen, etwa dass Anselm von Canterbury die Heiligung Marias als „wurzelhafte Begnadung“ begreift, als „auf Gott hin unbeschwert offenes Herz wie bei den Stammeltern am Schöpfungsmorgen“, wohingegen Duns Scotus von „vorausgreifender Erlösung“ spricht. Sixtus IV. führte 1477 das entsprechende Fest ein (8. Dezember); er war es auch, der den Streit zwischen Immaculisten und Maculisten dahingehend beendete, dass beide einander nicht mehr irrgläubig schimpfen durften. 1854 erhob Pius IX. mit der Bulle *Ineffabilis Deus* die Unbefleckte Empfängnis zum verbindlichen Glaubensgut. Das hat nichts daran geändert, dass die meisten Gläubigen dabei nach wie vor weniger an die Freiheit Mariens von der Erbschuld denken als vielmehr an die Zeugung Jesu durch den Heiligen Geist und ähnlich Mysteriöses.

von Hermann Unterstöger

Moses zürnt

Detlev Wilmanns aus Kaarst interessiert, woher der Ausdruck „sitzt da wie ein Ölgötze" stammt

Sehr geehrter Herr Wilmanns,

warum haben Sie uns nicht nach dem Ölprinzen gefragt? Das wäre doch viel einfacher gewesen. Karl Mays gleichnamiger Roman hätte uns in den Wilden Westen und beiläufig auf Sam Hawkins gebracht, und mit dessen „Hi, hi, wenn ich mich nicht irre!" wäre diese Kolumne so gut wie geschrieben gewesen.

Der Ölgötze ist aber ein ganz anderes Kaliber. Nach einer Volksetymologie leitet sich der Ö. von den Jüngern am Ölberg ab, die, wie Sie sich erinnern, nicht einmal eine Stunde wachen konnten, während Jesus seinen Vater im Himmel anflehte, er möge doch diesen Kelch an ihm vorübergehen lassen. Nein, die drei Jünger zogen es vor zu schlafen, und so fand sie Jesus, starr und steif. Weshalb untätige Werktätige in den katholischen Provinzen Deutschlands gern als Männer bezeichnet werden, die herumlungerten *wie die Jünger am Ölberg*. Sie ahnen, sehr geehrter Herr Wilmanns, dass es wieder mal auf das Schisma hinausläuft, auf die Kirchentrennung zwischen evangelisch und katholisch. Unser trusty Grimm gibt sich mit der Volksetymologie nämlich nicht zufrieden. Dem *Wörterbuch der aufrechten Brüder* zufolge ist der Ö. ein mit Öl bemaltes Götzenbild. In der Reformationszeit – jetzt kommt's! – soll der Ö. als „spottwort gegen die holzbilder der katholiken, auch gegen die anbeter derselben, sowie gegen die mit dem heiligen öl geweihten katholischen priester gebraucht" worden sein. Luther, Zwingli,

Calvin und die anderen Neuerer sahen in den vielgestaltigen Heiligenbildern, um die sich das Volk scharte, zu Recht Überreste heidnischer Vielgötterei.

Über die hatte sich schon Moses echauffiert, als er mit seinen Zehn Geboten vom Berg Sinai kam und das Volk um ein goldenes Kalb tanzen sah. Moses zerschmetterte die Gesetzestafeln auf der Stelle und anschließend das Götzenbild. Dieser heilige Zorn hat wenig genützt. Die armen, hilfsbedürftigen Menschen strichen noch manchen Holzprügel an, salbten richtige und falsche Priester und überließen sich weiteren olfaktorischen Irrtümern, aber ebenso verlässlich kam dann ein großer Säuberer, der mit dem Götzendienst aufräumte. Und damit, sehr geehrter Herr Wilmanns, ließe sich auch der andere Teil Ihrer Frage beantworten: Der Ö. sitzt stumm da wie ein Ö., weil er einem im Zweifel doch nicht hilft und alles Wehklagen, wenn nicht umsonst, so doch vergeblich ist. Das verbindet ihn mit jenem unsichtbaren Gott weiter oben, der schon immer allein selig zu machen versprach. Doch das ist eine andere Geschichte, auf die unseres Wissens weder Karl May noch die Brüder Grimm eine Antwort wissen.

von Willi Winkler

Über den Wolken

Elke Gemeinhardt aus Erfurt möchte wissen, was es mit dem „Elfenbeinturm“ auf sich hat

Liebe Elke Gemeinhardt,

Sie schreiben in Ihrem Brief, dass sich Ihr Büro „im achten Stock des einzigen zehnstöckigen Hochhauses auf dem Campusgelände der Uni Erfurt“ befindet. Sehr beneidenswert, bedeutet dies doch, dass Sie einen sonnendurchfluteten Arbeitsplatz haben und dass kein Baumgestrüpp Ihren ins Unendliche schweifenden Forscherblick – Sie sind ja Psychologin – je trübt. Zugleich ist dies ein Standortvorteil gegenüber all jenen, die ihre wissenschaftliche Arbeit in einem Erd- oder gar fensterlosen Untergeschoss verrichten müssen. Andererseits nimmt sich der achte Stock Ihres Elfenbeinturms recht bescheiden aus, vergleicht man ihn etwa mit dem leuchtturmartigen Verlagsgebäude der Süddeutschen Zeitung, das 28 Geschosse hat, mit Blick aufs Alpenglühen ...

Der Name *Elfenbeinturm* geht natürlich auf das aus Stoßzähnen von Elefanten, Mammuts, Nilpferden, Walrossen, Pottwalen oder Wildschweinen gewonnene Baumaterial zurück, sagt aber nichts über die Bedeutung des Begriffs aus, der einen schöpferischen Ort jenseits des Weltenlärms bezeichnet. Zu dessen Bewohnern zählen Wissenschaftler, Künstler und andere Intellektuelle, die sich in ihrer selbstgewählten Isolation wenig um Gesellschaft und Tagesprobleme kümmern, dies aber gelehrig und mit sittlicher Reinheit. Seinen Ursprung hat der Ausdruck im biblischen Hohen Lied (7, 5). In Luthers Bibelübersetzung heißt es: „Dein Hals ist wie ein Elffenbeinen thurm." Das heute übliche Verständnis entstand im Laufe des 19. Jahrhunderts. Der früheste Beleg findet sich beim französischen Schriftsteller Charles-Augustin Sainte-Beuve, im deutschen Sprachgebrauch tauchte der Elfenbeinturm als Symbolbegriff für den praxisfernen, lebensfremden Denker zu Beginn des 20. Jahrhunderts erstmals auf.

Neudeutsch nennt man den Elfenbeinturmbewohner, einen engen Verwandten des Gipfelstürmers, auch gerne Fachidiot, was einen ungebührlichen Verlust an Autorität der Zunft der Akademiker offenbart und dazu geführt hat, dass Universitäten und Forschungsanstalten nun verstärkt ihr Image in der Öffentlichkeit aufpolieren. Das Bundesforschungsministerium zum Beispiel ruft neuerdings Jahre der Wissenschaft aus, und allenthalben gibt es *Schüler-Labors*, *Kinder-Unis* und *Lange Nächte der Wissenschaft*.

Aber Achtung, liebe Frau Gemeinhardt: Wer als Akademiker in die Wirtschaft oder Politik geht – wie zum Beispiel Paul Kirchhof –, hat es nicht unbedingt besser. Er wechselt dann womöglich vom Elfenbeinturm ins Haifischbecken.

von Sven Siedenberg

Auf in den Kampf

Julia Schimmel aus Berlin interessiert sich für den Namen des Spiels „Die Reise nach Jerusalem“

Sehr verehrte Frau Schimmel,

Ostern ist der rechte Termin, um noch rechtzeitig vor der Eiersuche etwas weiter auszuholen und das Abendland aus dem Morgenland herzuleiten. Denn je weiter das frühe Christentum nach Westen und später nach Norden expandierte, desto mehr wurde Jerusalem das geistige Zentrum. Dort hatte Jesus im Tempel gelehrt, dort war er gefangen genommen und gekreuzigt worden. Wer es sich leisten konnte und die Gefahren nicht scheute, unternahm deshalb eine Wallfahrt an die heiligen Stätten. Seit sich der Islam ausbreitete, war das kein ganz leichtes Unterfangen mehr. Als deshalb im Abendland Gräuelgeschichten von Mohammedanern umgingen, die fromme Pilger massakriert haben sollten, rief Papst Urban II. zur Befreiung Palästinas auf.

1095 wurde in Clermont zum Kreuzzug geblasen, dem sich die Franken an beiden Rheinseiten begeistert anschlossen. Wer sich auf die *peregrinatio armata*, die bewaffnete Wallfahrt, begab, erwarb mit päpstlichem Segen den vollkommenen Ablass, was in jenen heiligen Zeiten nichts anderes hieß, als dass er morden, schänden und plündern konnte und damit zumindest vor seinem himmlischen Richter straffrei ausging, weil es doch zum Besten der Christenheit war. Auf ihrem Weg nach Jerusalem gerieten die heiligen Soldaten in manchen Hinterhalt, sie hatten unter Seuchen wie unter der sengenden Hitze zu leiden, sie kämpften mit Räubern und anderen Muselmanen, und viele starben unterwegs. Doch nach vier Jahren, Anno Domini 1099, erreichten sie die hochgebaute Stadt Jerusalem. Die Jünger Mohammeds wollten sie nicht gleich hergeben, es wurde lange gekämpft, doch am Ende siegten die Christen, die auf dem Weg zum vollkommenen Ablass bis zu den Knien im Blut wateten, wie ein zeitgenössischer Chronist in nur leichter Übertreibung berichtet. Jerusalem war endlich der Christenheit wiedergewonnen, die Pilgerreise ungefährdet möglich, wenn auch nur für kurze Zeit.

Und was, fragen Sie, hat das mit dem beliebten Kinderspiel *Die Reise nach Jerusalem* zu tun? Ganz einfach: nichts. Wenn elf Kinder hektisch durcheinanderlaufen und dann, wenn die Musik plötzlich aufhört, sich auf die zehn kreisförmig ausgerichteten Stühle stürzen, so dass eines stehen bleibt und ausscheidet – erwirbt es dann vielleicht den vollkommenen Ablass? Es hat bloß verloren. Das Spiel ist ein Spiel und weltweit verbreitet, heißt aber nur in Deutschland *Die Reise nach Jerusalem.* In England nennen sie es *Musical Chairs*, in Österreich *Sesseltanz* und in der lieben Schweiz *Die Reise nach Rom.*

von Willi Winkler

Einer muss der Dumme sein

Anja Lindecke aus München interessiert sich für die Herkunft des „Sündenbocks"

Liebe Frau Lindecke,

Bismarck war einer, das meinte er jedenfalls selbst. 1866 erklärte er: „Überall macht man mich verantwortlich für eine Situation, die ich nicht geschaffen, sondern, die mir aufgedrängt worden; ich bin für die öffentliche Meinung der Sündenbock." Da ist der Bock schon zur Metapher geworden, Bild für einen, den nach eigener Meinung keine Schuld trifft, der aber dennoch Schuld auf sich nehmen und dafür leiden muss, wenigstens nach Meinung der Öffentlichkeit. Man kann einen solchen Wortgebrauch auch noch flapsiger von seinem Ursprung entfernen, indem man den Titel einer Farce des großen französischen Komödienschreibers Georges Feydeau zitiert: „Einer muss der Dumme sein." Der Bock ist immer der Dumme. Er kann nur nichts dafür.

Geht man ernsthaft an die Sache ran, dann muss man die Bibel aufschlagen, das Alte Testament. Da wird im dritten Buch Mose, auch Leviticus genannt, im 16. Kapitel eine ziemlich komplizierte Prozedur nicht nur beschrieben, sondern vom HERRN befohlen (die Luther-Bibel von 1912 schreibt den *Herrn* immer mit großen Buchstaben). Um alles, was da angeordnet wird, genau zu verstehen, müssten wir einen längeren Ausflug in die Theologie des Alten Testaments unternehmen. Da wir aber nur auf der Suche nach dem Sündenbock sind, lassen wir diesen sicherlich interessanten und lehrreichen Umweg aus. Von einem inwendigen Heiligtum ist die Rede, von einem Gnadenstuhl hinter einem Vorhang. Da soll, so spricht der HERR zu Mose, dessen Bruder Aaron reingehen „mit einem jungen Farren zum Sündopfer und mit einem Widder zum Brandopfer". Farre ist ein junger Stier. Aaron soll sich „die heiligen Kleider" (aus Leinen) anlegen, vorher aber „sein Fleisch mit Wasser baden".

Das Heiligtum wird nun, der Sünden wegen, durch Schlachten der Tiere und anschließende Blutverteilung im Heiligtum gereinigt. Dann wird ein lebender Bock gebracht. „Da soll Aaron seine beiden Hände auf sein Haupt legen und bekennen auf ihn alle Missetat der Kinder Israel und alle ihre Übertretung in allen ihren Sünden, und soll sie dem Bock auf das Haupt legen und ihn durch einen Mann, der bereit ist, in die Wüste laufen lassen, dass also der Bock alle ihre Missetat auf sich in eine Wildnis trage; und er lasse ihn in die Wüste." Das ist der Sündenbock, dieses arme Vieh, das nicht weiß, wieso ihm dies alles geschieht. Er muss die Schuld für Sünden in die Wüste tragen, die er nicht begangen hat. Diese tierische Reinigungsprozedur gibt es nicht mehr. Nur das Wort, das in der Bibel gar nicht vorkommt, hat überlebt.

von Klaus Podak

Die Zukunftsgaranten

Herr Heinz Hedeler möchte Näheres wissen über die Verehrung der heiligen Kuh in Indien

Sehr geehrter Herr Hedeler,

welch unterschiedliche Betrachtungsweisen tun sich auf bei Ihrer Frage! Der Dichter Homer preist Athene als *Kuhäugige*, spendet ihrem sanften Auge also hohes Lob. Hierzulande dagegen wird eine missliebige Frauensperson schnell mal als *dumme Kuh* bezeichnet. In einschlägiger Erinnerung ist auch noch die *dusselige Kuh*, als die Alfred, das Ekel aus der Kult-TV-Serie *Ein Herz und eine Seele,* seine Ehefrau Else zu bezeichnen pflegte. Unsere Politiker zeigen dagegen gerne Respekt vor *heiligen Kühen*, wenn sie um den heißen Brei herumreden und ihr Talent beweisen möchten, mit vielen Worten wenig auszusagen.

Indiens heilige Kühe dagegen genießen seit Urzeiten aufrichtige und religiöse Verehrung. Das Rind ist für die Hindus unentbehrlich, prägt als Last-, Zug- und Nutztier den Jahres- und Lebensrhythmus der Familien und des Landes. Sie erwähnen, sehr geehrter Herr Hedeler, in Ihrer Frage die Exkremente der Rinder. Der Urin hat heilende Kräfte, der Kot liefert den begehrten Dung, die getrockneten Fladen sind als Bau- und Brennmaterial wichtig. Aus Kuhmist wird Methan gewonnen, das zum Kochen oder zur Beleuchtung eingesetzt wird. Die Milch, der Curd (oder Joghurt) und das Ghee, also das gekochte und wieder verfestigte Butterschmalz, sind als Produkte der Kuh lebensnotwendiges Nahrungsmittel.

Zögen die Rinder eines Tages den Pflug nicht mehr, würde

der Kreislauf von Saat und Ernte zerstört; es fehlten die *Garanten von Vergangenheit und der Zukunft*, als die die verehrungswürdigen Rindviecher auch bezeichnet werden. Diese Unentbehrlichkeit hat zu ihrer mythischen und religiösen Bedeutung beigetragen – die Kuh soll verehrt, aber nicht verzehrt werden. Für altersschwache Tiere gibt es sogar Tierheime. Und die Kuh gehört zum täglichen Straßenbild Indiens, lagert stoisch inmitten von Autos, Mopeds, Fahrrädern, Sänften – und regelt so auf ihre Weise das Verkehrsaufkommen.

Immer wieder werden im Lande erregte politische Diskussionen darüber geführt, ob das geheiligte Rind geschlachtet werden darf oder nicht. Hindus lehnen diese Tötung ab, es gibt aber durchaus indische Bundesstaaten, die seit Jahren das Schlachten und den Fleischverzehr praktizieren. Doch auch die jüngste Initiative eines landesweiten Schlachtverbots wurde abgewehrt. Zwar haben es die verehrten Kühe nicht überall so gut, wie das eine optimale Tierhaltung erfordert und wie es der mythologischen Tradition entsprechen würde: Oft suchen ausgemergelte, streunende Tiere in Abfällen kärgliche Nahrung und fungieren als Abfallverwerter. Was den Nachwuchs angeht: Die Stierkälber werden erst verkauft, wenn das Muttertier trocken ist, Kuhkälber bleiben in der Regel bei der Mutter. Heilige Rinder aller Altersstufen nehmen also viel Platz ein und haben einen hohen Stellenwert: auf Indiens Straßen wie in der Mythologie – Mahatma Gandhi meinte, für ihn sei das Beschützen der Kuh eine der wunderbarsten Erscheinungen in der Entwicklung der Menschheit.

Zurück zu uns, zur Politik und zu Parteivize Rainer Brüderle: Der hielt sich unlängst wieder an die oft strapazierten Rinder, forderte beim Parteitag der FDP eine *Reformdebatte ohne Tabus* und rief aus: „Wir werden als Partei nur gewinnen, wenn wir mutig an heilige Kühe herangehen."

Muh!

von Birgit Weidinger

2.

Wer's glaubt ...

Im Zwischenlager

Lizzy Schmid aus Horb-Talheim möchte wissen, warum man „eine Leiche im Keller hat"

Liebe Frau Schmid,

gibt man die Wendung *eine Leiche im Keller haben* bei Google ein, stößt man nicht nur auf Ian McEwans Schauerroman *Der Zementgarten*, in dem eine böse Mutter von ihren bösen Kindern nach bester Mafiatradition im Erdreich einzementiert wird, auf dass sie nienimmernicht auch nur noch einen Mucks von sich gebe. Man sieht auch einen *Farbatlas der Schnittanatomie*, dessen Schautafeln von dem zombiehaften *Körperwelten*-Ausstellungsmacher Gunther von Hagens stammen und der sich an anderer Stelle ausführlich über *Gestaltplastinate* und *Bestattungszwang* auslässt. Interessant außerdem der in einem Internetforum ausgetragene Streit um die Frage, ob das Grab von Jesus leer oder voll war; ob also, wie etwa der Präses der Evangelischen Kirche im Rheinland, Peter Beier, behauptet, Jesus tatsächlich auferstanden, oder, wie von Kirchenforscher Gerd Lüdemann ketzerisch behauptet, einfach nur verwest ist. In beiden Fällen bleibt die Beweislage allerdings dürftig. Gut dokumentiert hingegen ist der Fall, den Focus-Online vermeldet hat: „Beim Einbruch in den Keller eines Mehrfamilienhauses in Wien-Donaustadt stolperten Gauner am Donnerstagabend über mehrere mumifizierte Köpfe von Toten und andere Leichenteile. Die Einbrecher ergriffen schockiert die Flucht."

Dumm gelaufen, kann man da nur sagen. Andererseits sind es ja gerade solche Gruselmeldungen aus dem Vermischten, mit denen wir unsere ewige Lust am Morbiden zu stillen versuchen. Sie spiegelt sich auch in all jenen Wendungen, die das Wort Leiche enthalten: über Leichen gehen, wie eine wandelnde Leiche aussehen, eine Leiche auf Urlaub, Spaß muss sein bei der Leiche. Nicht zu vergessen so poetische Schöpfungen wie leichenbitter, leichenschwer, leichenstumm. Wer eine Leiche im Keller hat – die Amerikaner sagen *to have a skeleton in the closet* –, der hat meistens etwas auf dem Gewissen, trägt eine Schuld mit sich herum, hütet ein Geheimnis. Das kann das vergilbte Poesiealbum mit den peinlichen Pubertätsgedichten sein oder eine garstige politische Verirrung, an die man sich heute lieber nicht so genau erinnert. Wir alle sind ja Verdrängungsvirtuosen. Das lappt oft ins Komödienhafte, wie das Kriminalstück *Arsen und Spitzenhäubchen* eindringlich zeigt: Aus Mitleid umgebrachte arme alte Landstreicher verschwinden dort im Keller, einem vermeintlichen Zwischenlager zum Paradies.

Das führt, liebe Frau Schmid, zwangsläufig zu der Frage: Wer alles hat eine Leiche auf der Dachterrasse?

von Sven Siedenberg

Familienbande

Herr Hagmann aus Düsseldorf interessiert sich für die Verwandtschaft des Teufels

Lieber Herr Hagmann,

um es gleich zu sagen: Der Teufel, wie er uns in den heiligen Schriften diverser Religionen begegnet, ist, familienpolitisch gesehen, eine arme Sau. Er hat da nämlich keine Blutsverwandten, keine Familienbande umgibt ihn. Das hat in alten Zeiten den so genannten Volksmund nicht ruhen lassen. Und so verschaffte er dem Bösen, dem Durcheinanderschmeißer und Verleumder (das die Übersetzung seiner griechischen Bezeichnung als Diabolos) nacheinander ein Weib, eine Mutter, auch schon mal eine Schwiegermutter und endlich die von Ihnen erwähnte Großmutter.

Da der so genannte Volksmund zwar oft witzige, nur selten aber durchdachte Sprüche klopft, machte er sich keine großen Gedanken über die sich aus einer teuflischen Rumpffamilie ergebenden Probleme. Etwa: Wer (und wo) ist der Schwiegervater? Wer (und wo) ist, wenn er schon eine Mutter hat, sein Vater? Auch über den Großvater schweigt sich der Volksmund aus. Umso fröhlicher, manchmal auch gehässig, erzählt er vom Treiben des Teufels mit seinem immer weiblichen Anhang. Wenn es regnet und zugleich die Sonne scheint, dann liegt das daran, weiß der Volksmund, dass der Teufel entweder sein Weib, seine Mutter, seine Schwiegermutter oder seine Großmutter gerade prügelt. Im Märchen *Der Teufel mit den drei goldenen Haaren* aus der Sammlung der Brüder Grimm piesackt hingegen die Großmutter den Enkel. Sie reißt ihm, der in ihrem Schoß schlummert, jene drei Haare aus. Nach jedem Ausriss wacht der Teufel wütend auf. Die Großmutter schwindelt ihm vor, sie habe ihn unwillentlich in einem bösen Traum gezupft. Umgekehrt geht der Durcheinanderschmeißer auch mit der Oma übel um. Der Volksmund berichtet: „Viel Geschrei und wenig Wolle, sagte der Teufel, und zog seiner Großmutter die Haare einzeln aus dem Hintern."

Die komischste Großmutter verschaffte dem nun nur noch lächerlichen Bösen Christian Dietrich Grabbe in seinem 1822 verfassten Stück *Scherz, Satire, Ironie und tiefere Bedeutung*. Und so tritt sie auf, die Oma, nachdem wir erfahren haben, dass sie gerade in der Hölle ein Großreinemachen veranstaltet hat: „Des Teufels Großmutter, eine blühende Frau im modischen russischen Winteranzuge, tritt herein und begrüßt die Gesellschaft mit einer stummen Verbeugung." Später sagt sie: „So, lieber Enkel! Sei lustig! Das Scheuern in der Hölle ist vorbei! Du kannst gleich mit mir heimkehren; der heiße, dich wieder erwärmende Kaffee dampft schon auf dem Tische." Hübsch auch, wenn der Teufel bei Grabbe flucht: „Hol mich Gott, es ist sehr kalt!"

von Klaus Podak

Das Unheil wegspucken

Ines Schamberger aus München wüsste gerne, woher der Ausruf „toi-toi-toi" kommt

Sehr geehrte Frau Schamberger,

nicht immer steckt der Mensch in einer guten Haut, oft ist er vom Aberglauben befallen, und wird ihm einmal eine glückliche Fügung zuteil, fürchtet er sogleich den Neid böser Götter und Geister: Die schütten Missgunst und Häme über ihm aus und machen ihm sein Glück madig. Dagegen muss der arme Mensch rechtzeitig was tun: Also fügt er einer lobenden Äußerung sofort ein *unberufen* hinzu, um mögliches Unheil von sich abzuwehren. Diese Schutzhandlung beruht auf einem alten Volksglauben und wird oft durch ein dreimaliges Klopfen auf Holz und den Ausruf *toi-toi-toi* verstärkt: Der ahmt lautmalerisch ein dreimaliges Ausspucken nach und bannt die Dämonen.

Der Schlager von der Frau, die „unberufen, toi-toi-toi, treu bleibt", hat in den Dreißiger Jahren die aus der Volkstradition stammende Wendung modernisiert und noch populärer gemacht.

Auch Willy Rosen, geboren als Willy Julius Rosenbaum in Magdeburg, Komponist vieler Erfolgsschlager, der 1944 in Auschwitz ermordet wurde, besang Fortuna:

„Wenn man kein Glück hat,
dann hat das Leben keinen Sinn.
Wenn man kein Glück hat,
dann rutscht man aus und fällt man hin

Drum bitt ich dich, Fortuna, bleib mir treu,
unberufen, unberufen, toi-toi-toi."

Der Experte Lutz Röhrich ist auch hier wieder gefragt. Er weist in seinem *Lexikon der sprichwörtlichen Redensarten* im Zusammenhang mit *toi-toi-toi* speziell darauf hin, dass Spucke und Speichel als unheilbannend galten, das Ausspucken vor einem Menschen war ursprünglich ein Abwehrzauber, nicht wie heute ein Zeichen der Verachtung. Auch der Spielwürfel und ein erstmalig gewonnenes Geldstück, das noch mehr einbringen sollte, wurden bespuckt. Übrigens, so Röhrig, kommt als möglicher Ursprung des Ausrufs auch eine dreimalige verkürzte Nennung des Teufels in Betracht: „No kommt mer ins Teu-Teu-Teu-felkuchen bey ihm."

Heute wünscht man seinen Zeitgenossen *toi-toi-toi* für alles und jedes und lässt dabei im Eifer des Wünschens das Vorwort *unberufen* häufig weg, doch sind *unberufen*, *unbeschrieben* und ähnliche Wendungen als magische Abwehrformeln immer noch erhalten.

von Birgit Weidinger

Ein armseliger Mensch

Lars Rüttinger fragt, ob das „Herein, wenn's kein Schneider ist!" die Schneider diskriminiert

Lieber Herr Rüttinger,

mit Ihrer Vermutung, die Redensart diskriminiere einen ganzen Berufsstand, liegen Sie goldrichtig, so betrüblich das fürs Schneiderhandwerk sein mag, das allezeit für Spott hat herhalten müssen, weil auch schwächliche Menschen es ausüben konnten. „Das Schneidergewerbe gilt nach der Anschauung des Volkes vielfach als etwas Niedriges und Verächtliches, der Schneider selbst als armseliger Mensch." So Grimms Wörterbuch, das gleich danach aus *Wallensteins Lager* zitiert: „Lass sie gehen! Sind Tieffenbacher, / Gevatter Schneider und Handschuhmacher!" Folgerichtig bringt man den Schneider mit dem ebenfalls für mickrig gehaltenen und gern verhöhnten Geißbock in Verbindung, der sprichwörtlichen Schneidergeiß.

Die Verachtung des Schneiders scheint kein Privileg höherer Schichten zu sein. Scholem Alejchems Tewje lebt in einem Schtetl, wo keiner viel zu beißen hat, und dennoch fühlt er, wenn er mal unter Menschen kommt, „dass man auch selbst ein Mensch auf der Welt ist und kein hinkender Schneider". Groß ist die Aufregung, als sich der Schneidergeselle Motel Kamisol um seine Tochter Zeitel bewirbt. „Wie kommt in unsere Familie ein Schneider", ereifert sich seine Frau Golde. „In unserer Familie gab es Lehrer, Vorbeter, Schuldiener, Angestellte der Beerdigungsbrüderschaft und sonstige arme Leute, aber, Gott behüte, weder Schneider noch Schuster." In Röhrichs Lexikon der Redensarten findet sich zu *Herein, wenn's kein Schneider ist!* eine kleine, feine Erörterung. Demnach ruft man das scherzhaft, wenn man nicht weiß, wer draußen ist. Anlass ist vermutlich der seine Forderungen eintreibende Schneider, wobei selbst da eine Parodie vorliegt. In der Schneiderzunft gab es wohl die Aufforderung *Herein, wenn's ein Schneider ist!*, die sich daraus erklärt, dass die Zunftsitzungen geschlossene Gesellschaften waren und man sich erst vergewissern wollte, wer klopfte, ehe man die Tür auftat.

Abschätzige Schneider-Parolen gibt es in Fülle, beispielsweise im *Simplicissimus*, wo es heißt: „Ein Schneider auf eim Ross, ein Hur aufm Schloss, ein Lauss auf dem Grind seynd drey stoltzer Hofgesind." Oder, aus dem Schwäbischen: „A Schneider und a Muck, des sind zwoa rare Stuck; die Muck, die is so keck und wirft a Schneider in Dreck." Schneider galten als furchtsame Menschen, die sich von einer Mücke in die Flucht schlagen ließen. Den Gegenpol dazu bildet das Märchen vom tapferen Schneiderlein, das es mit Riesen aufnimmt, wobei freilich auch hier keine Kraftlackeleien vollbracht werden. Das Schneiderlein steht vielmehr – *offensiv*, wie man heute sagen würde – zu seiner körperlichen Dürftigkeit und spielt dafür seinen Witz aus, das freilich aufs Effektivste.

Nicht genug damit, dass man den Schneider für schwächlich hielt, schätzte man ihn auch als diebisch und lügnerisch ein. „Dem Schneider", sagte man, „ist viel unter den Tisch gefallen", und das wiederum resultiert aus dem Umstand, dass Schneider oft auch brauchbare Stoffreste in die Kiste unter ihrem Tisch, die *Hölle*, gleiten ließen, um sie später zu ihrem eigenen Nutzen weiterzuverarbeiten. Von da war es nicht weit zu der Vermutung, dass Schneider nur schwer in den Himmel kämen, weswegen man bei seltenen Zufällen, zum Beispiel wenn bei Regen die Sonne schien, zu sagen pflegte: „Nun kommt ein Schneider in den Himmel." Sind wir mit diesen Anmerkungen halbwegs aus dem Schneider?

von Hermann Unterstöger

Dunstan besiegt Bocksfuß

Katrin Pischetsrieder aus München möchte wissen, warum Hufeisen Glücksbringer sind

Sehr geehrte Frau Pischetsrieder,

die Zeit, die ist ein sonderbar Ding, singt die Marschallin im *Rosenkavalier*: Das trifft auch auf das Glück zu. Ein sonderbar Ding ist es, zerbrechlich, flüchtig, unzuverlässig, zu schönsten Erwartungen berechtigend, schillernd wie eine Seifenblase. Jeder sucht es, will es fassen, ein Hans im Glück sein. Und braucht immer wieder neue Glücksbringer, um es festzuhalten.

Das solide Hufeisen gilt als ein solcher Talisman. Seine Aufgabe ist es, Haus und Hof zu schützen, fremden Elementen den Eintritt zu verwehren. Früher nagelte man Hufeisen auch an Schiffsmasten, selbst Admiral Nelson ließ seinen Segler *Victory* nicht ohne Hufeisen in See stechen. Mit der *Victory* gelang der englischen Flotte bei Trafalgar ein glorreicher Sieg. Nelson fiel und wurde Britanniens unsterblicher Held. Heute lassen Taxifahrer das Nummernschild ihres Autos nach Möglichkeit analog zum Hufeisen mit einem *U* ausstatten. Das soll ihnen im Verkehr und Straßenkampf Glück bringen.

Dass Pferde im Dienste des Menschen Hufeisen brauchen, liegt daran, dass beim Reiten auf hartem Boden der Huf schneller abgenutzt wird, als er nachwachsen kann. Deshalb wird das Pferd beschlagen. Dass es Stärke und Macht symbolisiert, überträgt sich auch auf die Glückskraft des Hufeisens. Außerdem wird dem *horseshoe*, wie die Engländer das Hufeisen nennen, positiv zugeschrieben, dass früher viele Liebesbriefe per Postkutsche und von Berittenen befördert wurden. Und es gilt als glücksbringend, dass das Hufeisen die Form des aufgehenden Mondes hat. Ferner gehört der heilige Dunstan, ein geschickter Hufschmied, hierher: Als er des Teufels Bocksfuß beschlug, hämmerte er so fest drauflos, dass der Teufel um Gnade winselte und Dunstan hoch und heilig versprach, alle Hufeisenbesitzer künftig zu schonen.

Wichtig ist die Aufhängung des Hufeisens: Manche, die in der U-Form die Hörner des Teufels sehen, hängen die Enden nach unten, um den Beelzebub zu vertreiben. Andere finden, dass beim unten offenen U das Glück herausfällt – das Eisen muss also nach oben offen aufgehängt werden. Und wer im Hufeisen das C von Christus sieht, hängt es als C seitlich offen auf.

Doch nicht allen ist das Glück mit Pferd und *horseshoe* hold: „Ein Pferd, ein Pferd, mein Königreich für ein Pferd", ruft Shakespeares Richard III., zum Tod verdammt, bei der Schlacht von Bosworth. Und Dashiell Hammett erzählt in einer makabren Story, wie sonderbar es Abenteurern und Glücksrittern ergeht, obwohl die sich doch im Saloon *Zum goldenen Hufeisen* treffen.

von Birgit Weidinger

Wider bösen Zauber?

Werner Tschernoussow fragt, wieso manche Zecher nach dem Anstoßen noch einmal absetzen

Liebe Leserin, lieber Leser,

mit Herrn Tschernoussows Billigung geben wir die heutige Frage an die Allgemeinheit weiter, weil es sich erwiesen hat, dass eine gültige Antwort bis jetzt nicht zu bekommen war. Werner Tschernoussow selbst hat es in ausführlichen Chats versucht, erfolglos, und auch die SZ-Fragenredaktion ist bisher nicht fündig geworden. Die folgenden Zeilen sind daher als sehr vorläufiges Resümee aufzufassen, darüber hinaus als Aufforderung, allfällige Erkenntnisse mitzuteilen, am besten über die von Herrn Tschernoussow eingerichtete Homepage *www.anstossen-und-absetzen.de.*

Die da und dort, doch keineswegs landesweit geübte Sitte, den Bierkrug nach dem Anstoßen noch einmal kurz auf dem Tisch abzustellen, ist jedenfalls keine Frage der höheren Etikette. Der Brauch ist in den Niederungen des Wirtshauses beheimatet, und dementsprechend hört sich ein Teil der Theorien an. Das P.M.-Magazin vertritt den Standpunkt, dass der Brauch nur beim Weißbier einen Sinn ergibt, weil durch die Erschütterung beim Abstellen die gesetzte Hefe von neuem aufgewirbelt wird. Ein andere These beschränkt ihn auf das Trinken aus Maßkrügen. Diese halte man beim Anstoßen am Henkel, wohingegen man beim Trinken die Hand zwischen Henkel und Krugwand klemme – ein Wechsel, für den man den Krug zweckmäßigerweise kurz auf die Tischplatte stelle. Aus der Wirtshauspraxis kommt auch die folgende Erklärung: Bei beschwingterem Anstoßen schwappe gelegentlich Bier aus dem Krug; um diese Tropfen nicht auf Hemd oder Krawatte zu bekommen, streife man den Krugboden am Tisch ab. Dieser Sphäre entstammt ferner die Vermutung, durch das Abstellen signalisiere man dem Wirt, dass es bald etwas zum Nachschenken gebe.

Nicht ohne Reiz sind die gewissermaßen mythischen Deutungsansätze. Die magisch-sympathetische Seite der Nahrungsaufnahme ist ja ein weites Feld, und so verwundert es nicht, dass man den Krug, den man vor Schadenzauber nie ganz sicher wissen konnte, vor dem Trinken sicherheitshalber noch einmal mit dem Tisch als einem heiligen Ort in Verbindung brachte. *Bierpapst* Conrad Seidl ergänzt das um die Variante, man habe nie wissen können, ob man beim Zuprosten eventuell mit *unehrlichen* Leuten, Scharfrichtern etwa oder Abdeckern, angestoßen habe. Durch das Abstellen auf den Tisch, eine mit dem Kreuzen der Finger beim Schwur vergleichbare Art von *Erdung*, habe man solche versehentlichen Kontakte quasi rückgängig gemacht. In eine ähnliche Richtung läuft die Interpretation, durch das Berühren des Tisches habe man ersatzweise mit dem Erdboden angestoßen und auf diese Weise die Toten geehrt.

von Hermann Unterstöger

Schlimm wie die Pest

Horst Wanetschek aus Murnau möchte wissen, warum man das Niesen mit dem Ruf „Gesundheit“ beantwortet

Sehr geehrter Herr Wanetschek,

Sie erinnern sich vielleicht? Auch die Kollegen vom SZ-Magazin nahmen sich der Frage an, weshalb denn die *erotische Komponente des Niesens* in unserer Gesellschaft totgeschwiegen werde. Schließlich behaupte ja die Wissenschaft, dass Niesen wie Sex sei.

Nun ja – auch Sie, Herr Wanetschek, haben bestimmt schon hin und wieder den befreienden, ja ekstatischen Effekt verspürt, den ein laut donnerndes *Hatschi* nach dem sich steigernden Kribbeln und der Muskelanspannung in Nase und Nacken hervorruft.

Die Sprache drückt den Gehalt dieses lauten Erleichterungs- und Höhepunkt-Signals lautmalerisch höchst zutreffend aus, vor allem durch das lang gezogene i am Wortende: *Hatschiiiiiii! Wohl bekomm's! Gesundheit!*

Nun fragen Sie, weshalb der höfliche Mensch das Niesen seines Nachbarn gerne mit dem Ausruf *Gesundheit!* beantwortet. Und Sie äußern die Vermutung, dass in vergangenen Zeiten, als man das Niesen häufig als ein Indiz für die verheerende Seuche der Pest betrachtete, der fromme Wunsch nach Gesundheit vor diesem schrecklichen Übel bewahren sollte.

In der Tat gibt es viele Quellen, die auf diese Überlieferung hinweisen. Seit der Antike, als die gemeine Haus- oder Schiffsratte von Asien nach Europa gelangte und in den Städten überhand nahm, galt sie auch als Überträger der Pestilenz. Immer wieder gab es gefürchtete Pestepidemien, die in ganz Europa ausbrachen. So beschreibt der Schriftsteller Charles Ackroyd in seinem voluminösen Band *London – eine Biographie*, wie oft die Pestilenz in den großen Städten wütete. Fünf oder sechs verheerende Epidemien erwähnt er. Eine der größten breitete sich Ende 1664 aus und forderte während ihrer schlimmsten Zeit in einer Woche mehr als 8000 Todesopfer.

Der Autor Alessandro Manzoni wird zum Pest-Chronisten, als er in seinem Werk *Il Promessi Sposi* eindrücklich schildert, welche Auswirkungen die Pest in Mailand auf die Bewohner und das Schicksal der Hauptpersonen hat: „Überall fanden sie die Städte verbarrikadiert, andere fast gänzlich verlassen, die Einwohner waren auf die Felder geflüchtet oder im Land verstreut, sie ähnelten wilden Exoten, die verschiedene Abwehrmittel mit sich trugen, Minze oder Rosmarin oder eine Flasche Essig oder Rautenstauden ..."

Aromatische Kräuter galten als ein Abwehrmittel gegen die Pest, auch Ärzte versuchten, sich damit zu schützen, neben den dicken Lederumhüllungen, die sie trugen, setzten sie schnabelförmige Nasen auf, die zumeist mit selbst gesammelten Kräutern gefüllt waren. Und aus diesen schlimmen Zeiten stammt denn auch die Angewohnheit und der – leider sehr oft – vergebliche Wunsch, denen *Gesundheit* zuzurufen, die niesen mussten, da das Niesen als häufiges Symptom der Pest galt. Wir wollen aber nicht vergessen, dass heutzutage der Ausruf *Gesundheit* als Zeichen der Aufmerksamkeit für den, der niest, weiterhin erhalten geblieben ist: Er unterstützt auch den bereits erwähnten befreienden, therapeutischen, ja orgiastischen Effekt des Niesens – *bless you*, sagen die Engländer, *à tes souhaits*, rufen die Franzosen. Da muss nun auch noch die urige Sitte des Schnupfens erwähnt werden, bei der mittels einer kräftigen Prise Schnupftabak der wohltuende Nieseffekt herbeigeführt wird. „Mogst an Schmai?", fragt der Anhänger dieses Brauches in Bayern aufmunternd seinen Nachbarn. Übrigens: Die Wirkung, die moderne Sprachbastler als Wellness- oder Good-Do bezeichnen, kannten auch gehobene Stände früherer Zeiten.

Ein überzeugendes Beispiel dafür soll die Frau geliefert haben, die die erste preußische Königin wurde: Als ihr Mann, Kurfürst Friedrich III. von Brandenburg, sich im Dezember 1700 selbst zum ersten König in Preußen krönte und dann seiner Gemahlin Sophie Charlotte die Krone aufsetzte, nahm Sophie während der langwierigen Zeremonie – sehr zum Missfallen ihres Gatten – in aller Ruhe eine Prise Schnupftabak. Sie wollte sich eine „angenehme Distraktion machen" – Stressabbau würde man dazu heute sagen.

von Birgit Weidinger

3.

Allerhand Leut'

Blau am Strand

Herr Manfred Lindermaier aus München findet Tölpel gar nicht so tölpelhaft

Sehr geehrter Herr Lindermaier,

nein, Sie haben vollkommen Recht, Tölpel sind nicht tölpelig, sondern können etwas, das unsereins nur tölpelhaft bestaunen kann: den Körper stromlinienförmig zur Spindel dehnen und aus mehr als 20 Metern aufs Wasser herabstoßen und dort weitere 25 Meter speerspitz tauchen, wenn sie da unten ihre Beute entdeckt haben.

Allerdings ist der Tölpel auf festem Boden nicht so sicher wie in der Luft und im Wasser. Außerdem verfügt er über übelwollende Feinde, den Tier-Vater Brehm zum Beispiel. „Die Tölpel“, erläutert der in einem schönen Satzgebilde, „haben keine Gelegenheit, den Menschen kennen zu lernen, und benehmen sich ihm gegenüber oft so, dass sie ihren Namen wirklich bestätigen; verlieren, wenn sie sich nicht mehr auf dem Meere befinden, förmlich die Besinnung und lassen dann, obschon nicht widerstandslos, vieles über sich ergehen, scheinen auch wenig durch fortgesetzte Verfolgung zu lernen.“ Die von Ihnen auf den Galapagos-Inseln beobachteten Blaufuß-, Rotfuß- und Maskentölpel sind Ihnen nicht als ungeschickt aufgefallen. Wir beneiden Sie um Ihre Reise und hätten gern erlebt, wie der männliche Blaufußtölpel (Sula nebouxii) in der Balz seine blauen und, jedenfalls für den Geschmack des Blaufußtölpel-Weibchens, wohlgeformten Beine am Strand spazieren führt. In Europa kennt man nur den Basstölpel (Sula bassana), benannt nach dem Bass-Felsen im schottischen Firth of Forth, wo Paare brüten und sich dabei nicht ungeschickter anstellen als mitteleuropäische Eltern bei ihrem ersten Kind.

Der *Tölpel* kommt vom niederdeutschen *Törper*, was seinerseits eine ungeschlachte Form von *Dörfer* ist. Aus dem Flämischen ist der *Dörper* als *Tölpel* in die hochmittelalterliche Rittersprache eingegangen und wurde in der Folge zum eher pleonastischen *Bauerntölpel* verstärkt, der inzwischen durch den phonetisch leichtgängigeren *Dorfdeppen* abgelöst worden ist. Da aber der Ritterstand, kaum dass er merklich wurde, schon unter Bedeutungsverlust zu leiden hatte, war man auf Abgrenzung bedacht von dem, was da in die Stadt hereinströmte. Die Klassengegensätze schwanden mit den Jahrhunderten, der *Stadtfrack* war immer weniger vom *Modegeck* zu unterscheiden, so dass das abfällige Schimpfwort irgendwann unsere armen Ruderfüßer traf. Aber Sie wissen ja, sehr geehrter Herr Lindermaier, was dem einen seine Nachtigall, das ist dem anderen sein Blaufußtölpel.

von Willi Winkler

Das Gscheidhaferl

Herrn Wolfgang Schmidt aus Tübingen interessiert die Redewendung „Korinthenkacker“

Sehr geehrter Herr Schmidt,

„Zum Kampf der Wagen und Gesänge, die auf Corinthus Landesenge der Griechen Stämme froh vereint, zog Ibycus, der Götter Freund ...“ Generationen haben Schillers grandioses Schauermärchen vom feigen Mord an dem von allen geliebten Dichter Ibykus gelesen, zitiert, memoriert – und manch einer mag sich dabei erinnert haben, dass die Korinthe, die bekannte Trockenbeere, ihren Namen von der edlen Stadt Korinth erhalten hat. Und er mag sich fragen, wie die recht unedle Verbindung zwischen Beere und Kacke zustande gekommen ist.

Nichts Gewisses weiß man nicht. Jedenfalls definiert der Rechtschreib-Duden seit 1980 die derbe Bezeichnung eines kleinlichen, rechthaberischen Menschen als Korinthenkacker. Sie wird hauptsächlich in Deutschland verwendet, Synonyme sind der Krümelkacker, Kümmelspalter, Erbsenzähler, der Beckmesser oder das bayerische Gscheidhaferl, Schweizer reden vom Tüpflischisser, die Schwaben vom Dipfeles-Scheißer und deuten damit an, dass der Kleinliche nur Klein(lich)es produziert – in all seinem Trachten und Tun, bis hin zu seinem Verdauungstrakt.

Kacken ist, so Kluges *Etymologisches Wörterbuch*, nicht vor 1495 bezeugt, urverwandt ist es mit lat. *caco*, russisch *kakai*, und mit dem Lallwort *kaka*. Sinnverwandt im 16./17. Jhdt. ist *hofieren*, das ursprünglich bedeutet: zu Hofe gehen und dann: auf dem Hof seine Notdurft verrichten.

Der Name der Korinthe kommt von einem der griechischen Anbauorte in der Gegend um die Stadt Korinth. Dort wächst der Weinstock, von dem die Korinthen stammen. Sie gehören zur Gattung der Rosinen, dem Oberbegriff aller Arten von getrockneten Weintrauben. Korinth florierte in der Antike. *Non cuivis homini contingit adire Corinthum* lautet Horaz' Übersetzung eines griechischen Sprichworts – *Nicht einem Jeglichen wird es zuteil, nach Korinth zu gehen*; der Grund: Korinth, das prestigemäßig mit Athen und Theben konkurrieren konnte, war für Fremde sehr teuer; die Korinthe trägt also einen traditionsreichen, ansehnlichen Namen.

Wenn Sie sich aber, sehr geehrter Herr Schmidt, am derben Gebrauch der süßen Korinthen-Beeren in Zusammenhang mit dem pedantischen Kacker stören, können Sie im Bedarfsfall stets auf den Erbsenzähler ausweichen oder das Gscheidhaferl oder den Tüpflischisser. Oder Sie denken an eine ganz anders geartete Persönlichkeit dieses Namens: an James Krüss' Zauberer Korinthe. Der saß in einem Tintenfass und zauberte mit Tinte ...

von Birgit Weidinger

Geliebte Sumpfgurke

Elisabeth Knauss aus Überlingen möchte gern wissen, woher die „Schreckschraube" kommt

Liebe Frau Knauss,

haben Sie beim Verfassen Ihres Briefes an eine bestimmte Person gedacht? Vielleicht an Ulla Kock am Brink? Angesichts ihrer penetranten Dampfplauderei erhielt sie von einer Tageszeitung das Prädikat *Gurke des Tages*. Paris Hilton oder Ulla Schmidt wären sicherlich auch potentielle Kandidaten für eine derartige Auszeichnung, ganz zu schweigen von Heimchen am Herd Eva Herman oder Glamourlady Tatjana Gsell. Die Welt ist ja voll mit solchen *Schreckschrauben*, und wo keine *Schreckschrauben* ihren nicht vorhandenen Charme versprühen, da lauern Spinatwachteln, Kratzbürsten, Zimtzicken, Schrapnellen, Furien, Nebelkrähen, Sumpfgurken, Beißzangen und Gewitterhexen. Damit uns jetzt aber nicht die Gleichstellungsbeauftragte der Bundesregierung aufs Dach steigt, sei angemerkt, dass es natürlich auch männliche Schreckschrauben gibt, und zwar haufenweise, für sie hält die deutsche Sprache unter anderem so schöne Bezeichnungen wie Mistkerl, Blödmann oder Rindvieh bereit.

Angeblich leitet sich das Wort Schraube von lateinisch *scrofa* ab, was *Mutterschwein* beziehungsweise *Zuchtsau* bedeutet. In dem Wort *schrecken* steckt wiederum die Bedeutung springen. Wie es zur Wortfusion kam, ist leider nicht bekannt. Selbst der große Schimpfexperte Herbert Pfeiffer, der in seinem Lexikon mehr als 10 000 grobschlächtige Begriffe zusammengetragen hat, weiß nichts über die Schreckschrauben-Karriere zu berichten. Immerhin scheint sicher, dass sie in den einschlägigen Schimpfkreisen einen Spitzenplatz belegt und oftmals in einen längeren Schwall eingebettet oder auch per Stinkefinger untermalt wird. Außerdem wird das beliebte Schimpfwort, darauf macht Sprachwissenschaftler Wilfried Seibicke aufmerksam, meist in Verbindung mit einem Anredefürwort gebraucht. Wobei sich *Du Schreckschraube* leichter sagen lässt als *Sie Schreckschraube*, weil das Du die Anredeform der verminderten Distanz ist. Im Affekt geht man ja aus sich heraus, und schnell wächst sich dann die Schimpftirade zu einer gerichtsverwertbaren Beleidigung aus, wobei die Bußgelder für den Gebrauch von Bulle oder Hornochse regional sehr unterschiedlich ausfallen.

Manchmal verwandelt sich ein Schimpfwort seltsamerweise auch in ein Kosewort, etwa in Form einer sogenannten Verkleinerungsänderung (Scheißer: Scheißerchen, Scheißerle) oder durch ein *streichelndes* Beiwort (süße, niedliche Schreckschraube).

von Sven Siedenberg

Warten auf Heidi

Brigitte Pöhler aus Berlin möchte wissen, was es mit dem „Miesepeter" auf sich hat

Sehr verehrte Frau Pöhler,

leider können wir uns nicht immer so dumm stellen wie der Herr Professor in der *Feuerzangenbowle*, sondern müssen den Dingen wissenschaftlich hieb- und stichfest auf den Grund gehen. Der *Miesepeter*, nicht zu verwechseln mit dem Ziegenpeter (alias Mumps) oder dem Geißenpeter (siehe auch unter *Heidi*), ist wie das Automobil ein eher unschönes Mixtum compositum aus mehreren Sprachen.

Das dem Peter vorgeschaltete *mies* kennt der Grimm nur in der Bedeutung von Schmutz oder Moos, die sich in der Miesmuschel bewahrt hat, aber nichts über deren Geschmack aussagt. Offenbar ist der *Miesepeter* erst in der Mitte des 19. Jahrhunderts in Berlin entstanden und hat sich von dort ins immer größer werdende Deutsche Reich ausgebreitet. Warum Berlin?, fragen Sie, sehr verehrte Frau Pöhler. Der Kluge, das etymologische Wörterbuch, vermutet als Ursprung das hebräische *me`is*, das sich zum Jiddischen *mies(s)* entwickelte und über das Rotwelsche und den Osten eines Tages am Alexanderplatz angekommen war.

In der Verbindung mit dem Peter änderte sich auch die Bedeutung. Meinte *mies* zunächst etwas, das widerlich war oder verachtet wurde, so gilt der neu zusammengesetzte *Miesepeter* als jemand, der alles außer sich selber ablehnt und mit seiner negativen Weltsicht auch noch gern hausieren geht. Wären wir schlecht gelaunt oder sonst mies drauf, dann sähen wir im M. ein Synonym für den Berliner Taxifahrer. Aber was kann der arme Peter bloß dafür? Was hat er der Menschheit getan, was hat sie ihm angetan, dass er so schlecht auf sie zu sprechen ist, immer nur meckert und mault und alles, ja: mies findet? Der Kluge hält eine Nachbildung des slawisch-jiddischen Miesnik (wie in Robotnik) für möglich.

Dabei eignet unserm guten Peter so gar nichts Russisches, er weist auf Petrus (griechisch *petros*, der Fels) zurück, auf den Jesus einst seine Kirche bauen wollte. Trotz dieses privilegierten Herkommens ist der Peter nicht immer gut gefahren. Während der (deutsche) Michael als *Ohnemichel*, als ein in seinem Krähwinkel glücklicher Spießbürger ein ironisch besonntes Dasein genießen durfte, trifft es den Peter seit Mitte des 19. Jahrhunderts hart und härter. Immer ist er ein dummer Peter, und wer bei Geschäften oder anderen Bündeleien übel fährt, der hat schon mal den *schwarzen Peter* gezogen. Das Verb *petern*, schreiben Sie, kennen Sie noch aus Ihrer Kindheit. Wir leider nicht, aber für den armen Peter schwant uns auch hier nichts Gutes, es sei denn, es käme ihn eine gut gelaunte Heidi besuchen.

von Willi Winkler

Wenn Affen gaffen

Michael Robert aus München wüsste gern, woher der Begriff „der Gelackmeierte" stammt

Sehr geehrter Herr Robert,

fremdgehen, gaunern, hereinlegen, hintergehen, hochnehmen, leimen, mogeln, neppen, prellen, schummeln, täuschen, verschaukeln, überfahren, ein X für ein U vormachen – all diese Varianten drücken aus, dass einer *lackmeiert.* Froh sollte der sein, der nicht selbst der *Gelackmeierte* ist, also der, der übertölpelt, überrumpelt, übervorteilt, angeführt, genarrt, getäuscht wird …

„Kein burger soll den andern hinderlistig abmeyern der güter", heißt es 1597 in den Statuten der Stadt Peine, zitiert im Deutschen Rechtswörterbuch. Der Begriff stammt aus dem Meierrecht, dessen Bestimmungen zufolge ein Bauernhof zur Pacht übernommen wurde. Dieses Recht war die nordwestdeutsche Form der Grundherrschaft zwischen dem 12./13. und 19. Jahrhundert. Die Höfe wurden gemäß dem Meierrecht in Klassen eingeteilt. Der Meier, der Gutsverwalter und Oberaufseher, hielt im Auftrag des Grundherrn in einem Meierbrief die Rechte des Pächters auf Jahre fest. *Meier* leitet sich vom lateinischen maior(em) ab, von dem auch der französische maire, der Bürgermeister, stammt. Wurde der Meierbrief nicht verlängert, zum Beispiel, weil der Bauer nicht genug erwirtschaftete, dann wurde er *abgemeiert.*

Und jetzt kommt der Lack ins Spiel: Der Name wird zweifach gebraucht, einmal als Bezeichnung für einen Beschichtungsstoff, und umgangssprachlich: für Mangel, Betrug (englisch *lack*); da kann *der Lack ab sein,* oder einer ist ein *Lackaffe. Lack* kam im 14. Jahrhundert nach Deutschland: italienisch und mittellateinisch *lac(c)a* ist ursprünglich der Name für eine Mückenart *lacca ilicis*, die im Altindischen *laksa* (hunderttausend) heißt, wegen ihres Auftretens in Schwärmen. Aus Absonderungen dieses Insektes wurde im Mittelalter der nach ihm benannte Lack gewonnen. Mit ihm wurde gesiegelt (seit dem 16. Jahrhundert), er gab Möbeln und Gebrauchsgegenständen ein schönes, gefälliges Äußeres – und vielen Damen ebenso: als Florentiner Lack, bestehend aus Rotholz und Karmin, wurde Lack auch in der Kosmetik eingesetzt für Cremes und Lippenstifte.

Der Barockdichter Daniel Schoppe stellt in einem seiner Gedichte ausdrücklich fest: „Kein Florentiner Lack bemalte ihr Gesicht." Ob er wohl bei dieser Anmerkung daran dachte, dass ein Lackanstrich einer qualitativ minderwertigen Ware oder auch einer weniger ansehnlichen Frau lediglich trügerischen Glanz geben kann? Sicherlich wollte er nicht ein *Lackierter* oder *Gelackmeierter* sein, der auf solche Täuschung hereinfällt.

von Birgit Weidinger

Schön wie am ersten Tag

Frau Isabell Ehrhardt aus Ludwigshafen möchte ihr Lieblingswort „Zivilisationsasket“ erklärt haben

Sehr verehrte Frau Ehrhardt,

erstaunlich, aber das sonst schier unerschöpfliche Internet kennt dieses schöne Wort gar nicht: *Zi-vi-li-sa-ti-ons-as-ket.* Acht Silben reiner Wohllaut. Was aber ist damit gemeint? Hier wäre einer der tiefsten Sätze von Karl Kraus fällig: „Je näher man ein Wort ansieht, desto ferner sieht es zurück.“

Ich vermute, dass es sich beim Zivilisationsasketen um eine Wortschöpfung aus dem esoterischen Sinnbezirk des Manufactum-Katalogs handelt, Sie wissen schon, „es gibt sie noch, die guten Dinge“. Dort werden Sachen angepriesen, die womöglich schon nicht mehr im Schwang waren, als der Großvater die Großmutter nahm, die man sich aber des ungeachtet für teuer Geld nachgefertigt ins Haus kommen lassen kann, weil ihre blitzende Gediegenheit bei jeder Party für Entzückenslaute sorgt.

Die guten Dinge, das lehrt uns die Kulturkritik, sind so selten geworden, dass wir gern ein bisschen mehr dafür ausgeben. Damit zeigen wir nicht bloß unseren (siehe oben) gediegenen Geschmack, sondern auch, dass wir ihn uns leisten können. Oder um wieder näher an Ihr Wort heranzurücken: Wenn die Zivilisation (unsere natürlich) schon im Müll versinkt, verweigern wenigstens wir uns und halten uns an das Gute. Das nennt man dann einen Distinktionsgewinn.

Den versprachen sich vorzeiten auch die Herren Mönche, als sie der Zivilisation entsagten und im Wald, in der Wüste oder auf einer weltabgeschiedenen Insel im Gebet und Fasten der Erleuchtung näher zu kommen hofften. Ungezählte Antoniusse und Hieronymusse sind auf diese Weise selig und heilig geworden. Voraussetzung war allerdings jedes Mal, dass jemand um den heroischen Verzicht wusste.

Der hl. Franz war so ein Asket, Sohn aus reichem Hause, den lüderlichen Weibern und dem Alkohol erfreulich zugetan, bis er sich eines Tages entschloss, dem Wohlleben zu entsagen und Buße zu tun für seine und gleich auch noch für die Sünden der Welt. Er verließ das blühende Assisi und wurde Bettler. Er ging in die Berge, kasteite sich, fastete, schlug sich gegen die Brust und wurde nach Empfang der Wundmale von Gott in die Zivilisation zurückgeschickt. Der Asket, geläutert und unkorrumpierbar, konnte die Zivilisation erneuern. Gründete einen Orden, dessen Angehörige sich neben der Keuschheit der Armut verschrieben. Die im 13. Jahrhundert ganz besonders korrupte Kirche brauchte dringend einen Reformer, der sich seinen Namen außerhalb der Hierarchie gemacht hatte. Der hl. Franz, das macht ihn bis heute so liebenswert, lebte in der Welt, liebte sie und wurde nicht müde, sie zu feiern: „Denn von seinem Auge und Gehör war ein Schleier gefallen", wie Hermann Hesse in seiner kleinen Legende schreibt, „und er erblickte die Welt entsündigt und heilig, ebenso wie am ersten seligen Tage von Paradiesesglanz verklärt."

Mein Lieblingsasket ist allerdings Simeon der Stylit, dem die Welt schon Anfang des fünften Jahrhunderts allzu verkommen war. In einen Brunnen ließ er sich hinab, um aufrecht stehend Gott zu loben; in Ketten ließ er sich schlagen und an einen Felsen schmieden und lobte weiter; und verfiel schließlich auf die Säule, der er seinen Zunamen verdankt. Auf seiner ersten, gut mannshohen Säule verbrachte er sieben Jahre. Dann ließ er sich eine größere bauen, die mehr als achtzehn Meter hoch ragte. Reste dieser Säule sind noch heute im nordsyrischen (klingt auch nicht ganz schlecht) Qal'at Sam'an zu besichtigen.

Dreißig Jahre hat der bußeifrige Simeon seine Säule angeblich nicht verlassen. Musste er auch nicht, denn einmal in der Woche wurde ihm ein Proviantkorb hochgereicht. Ansonsten predigte er von dort oben zweimal täglich, dass es schlecht um die Welt stehe. Weitere menschliche Bedürfnisse scheint er nicht gehabt zu haben, und als er im Jahr 459 in Gott verschied, musste die Polizei einschreiten, damit ihn seine frommen Anhänger nicht vor lauter Frömmigkeit in tausend und mehr Stücke rissen.

Ein Zivilisationsasket, sehr verehrte Frau Ehrhardt, wäre danach einer, der sich gern von der Zivilisation dabei beobachten lässt, wie er sie verachtet.

Und, ja, doch, es gibt sie noch, die guten Asketen.

von Willi Winkler

Die Absteiger

Antonia Kant aus Eisleben wüsste gerne, was es mit dem Begriff „Prekariat" auf sich hat

Sehr geehrte Frau Kant,

warum einfach, wenn es auch kompliziert geht, ist man versucht, angesichts dieser Wortschöpfung zu fragen, deren Artikulation leicht zungenbrecherisch erscheint und die auf einen schwergewichtigen Bedeutungshintergrund verweist. Der Begriff ist in der Debatte um das umstrittene Wort *Unterschicht* und *Neue Unterschicht* aufs politische Tapet gekommen: *Prekarisierung* und *Prekariat* sind verwandte Wortbildungen. *Prekariat* leitet sich ab vom französischen Adjektiv *prekär*, das *schwierig, heikel, ungewiss, unsicher* bedeutet, und vom Substantiv *Proletariat*. Es definiert die Menschen, die nur eine befristete Arbeit haben und keinen Versicherungsschutz. Also den ungesicherten Arbeiter ebenso wie den Selbständigen auf Zeit, den Praktikanten, den chronisch Kranken und den Langzeitarbeitslosen. Die Studie der Friedrich-Ebert-Stiftung *Gesellschaft im Reformprozess* benutzt den Begriff des *abgehängten Prekariats*, d.h. einer bereits vom sozialen Abstieg geprägten Gruppe. Die Zahl der Studie von 6,5 Millionen Deutschen, die in Armut leben und resigniert haben, hat großes Aufsehen erregt und die Diskussion über das Unterschichtenproblem angeheizt.

Der französische Soziologe Pierre Bourdieu bestimmte prekäre Arbeitsverhältnisse ökonomisch und historisch in Abgrenzung zum Normalarbeitsverhältnis. Normal ist unbefristet und mit fester Wochenstundenzahl. *Prekarisierung* definiert er als

„Teil einer neuartigen Herrschaftsnorm, die auf der Errichtung einer zum allgemeinen Dauerzustand gewordenen Unsicherheit fußt und das Ziel hat, die Arbeitnehmenden zur Unterwerfung, zur Hinnahme ihrer Ausbeutung zu zwingen". Sind sie die *Neue Unterschicht*, auf die Paul Nolte schon 2004 Bezug genommen hat, ist Deutschland eine Klassengesellschaft? Gegner dieser Klassifizierung führen an, dass mit dem Begriff der Neuen Unterschicht eine Diffamierung verbunden sei. Befürworter sagen, dass ohne diese Zuordnung Armut und Abstieg bloß als individuelles Schicksal definiert würden.

Der Entertainer Harald Schmidt hat mit seiner Erwähnung des *Unterschichtenfernsehens* den Streit angekurbelt, welche Zuschauer welche Programme bevorzugen. Prekär oder nicht: Die Debatte um die Prekarität des Prekariats wird weitergehen – mit Worten lässt sich's trefflich streiten. Dabei müssten die Betroffenen aufbegehren, agieren, demonstrieren.

von Birgit Weidinger

4.

Zahlenspiele

Kram unterm Christbaum

Herrn Rolf Schoenekerl interessiert die Herkunft der Redensart „seine Siebensachen packen“

Sehr geehrter Herr Schoenekerl,

beginnen wir mit der Vorrede zum unverwüstlichen *Struwwelpeter*:

„Wenn die Kinder artig sind,
kommt zu ihnen das Christkind.
Wenn sie ihre Suppe essen
Und das Brot auch nicht vergessen.
Wenn sie, ohne Lärm zu machen,
Still sind bei den Siebensachen.
Beim Spaziergehn auf den Gassen
Von Mama sich führen lassen,
Bringt es ihnen Gut's genug
Und ein schönes Bilderbuch.“

Da sind sie, die *Siebensachen*, ein Begriff, der sich sehr häufig findet: in der Literatur, im Märchen, in Reisetipps, bei Umzugsempfehlungen, bei der Beschreibung innerer Befindlichkeiten, die es auszusortieren gilt. Oder so, wie ihn der Autor des *Struwwelpeter* Heinrich Hoffmann in seiner Vorrede gebraucht: als anschauliche Umschreibung all der nützlichen und überflüssigen Dinge, die die Kleinen im Kinderzimmer beschäftigt und stille halten sollen.

Seit dem 17. Jahrhundert ist die Redewendung bei uns bekannt, meist in einem Wort geschrieben. Sie bedeutet: seine

Habseligkeiten, seinen geliebten Plunder, seinen Kram zusammensammeln, um damit zu verreisen, zu verschwinden, auszuziehen, sich auf die Socken zu machen, aufzuräumen. Warum aber werden gerade sieben Sachen gepackt, warum nicht acht oder drei? Das hängt mit der besonderen Bedeutung der Zahl Sieben zusammen, die im Volksglauben stets eine wichtige Rolle gespielt hat. Denken Sie, Herr Schoenekerl, nur an die sieben Weltwunder, die Siebenmeilenstiefel, die sieben Raben und die sieben Zwerge hinter den sieben Bergen, an den Siebenschläfertag oder die Siebengescheiten. Viele moderne Markennamen tragen die Sieben: 7up oder Spiel 77, viele Trendshops und Bric-à-brac-Läden heißen so.

Als mystisch und glücksbringend gilt die Sieben, hat aber auch einen schlechten Ruf. So steht *eine böse Sieben* als Bezeichnung für einen schlechten Menschen. In unserer Redewendung gilt die Sieben auch als *gering, geringfügig*: Die Siebensachen wiegen nicht schwer (im übertragenen Sinn), und es handelt sich dabei nicht um Kostbarkeiten, höchstens um persönliche Lieblingsstücke. Im Bairisch-Österreichischen übrigens *packt man seine sieben Zwetschgen*. Noch ein Kuriosum: Aus dem 15. Jahrhundert ist belegt, dass mit *Siebensachen* eine Zeit lang die Geschlechtsteile euphemistisch benannt wurden – Sachen gibt's!

Wünschen wir lieber, dass sich Gut's genug unterm Christbaum der artigen großen und kleinen Kinder findet und dass unter all den Siebensachen am Gabentisch die nicht dabei sind, die sie schon immer nicht haben wollten.

von Birgit Weidinger

Zwielichtige Kneipe

Hermann Braun aus Bielefeld will wissen, warum wir manchmal „Ach du grüne Neune!" sagen

Lieber Herr Braun,

Zahlen, so kann man es sehen, sind magische Wesen. Kein Mensch weiß, wo sie wohnen. Sie sind nur da, wenn wir sie herbeigerufen haben. Keiner kann sagen, aus welchem Stoff sie gemacht sind. Nicht einmal davon, wie sie in Wirklichkeit aussehen, sie selbst, jenseits unserer Ziffernzeichen, haben wir eine Ahnung. Und dabei sind sie so unheimlich mächtig. Sie ordnen das Universum, strukturieren die Welt, bestimmen unser Leben. Naturkonstanten erscheinen in Zahlenform, bilden den Kern der Naturgesetze, denen wir unterworfen sind. Zahlen sind offenbare Geheimnisse. Das haben unsere Altvorderen schaudernd gewusst.

Früh sind Zahlen eingewandert in die Alltagssprachen. Oft umgeben von einem Heiligenschein magischer Wirklichkeit oder trivialer Rätselhaftigkeit. Wer *eine böse Sieben* geheiratet hat, der wird auch vor dem *verflixten siebenten Jahr* kaum froh werden. Ein *Siebengescheiter* könnte auch ein *Neunmalkluger* sein. Dass die 13 weder an Hotelzimmern steht noch ein Hochhausstockwerk bezeichnen sollte, zeigt ihre Angst machende Potenz. Schwarze Zahlen sind gut, rote Zahlen sind schlecht und böse, das weiß selbst der phantasieloseste Ökonom.

Nun die Neun. Ein Handbuch der Zahlen stellt sie uns zu Beginn eines längeren Artikels vor: „Neun ist die dritte Quadratzahl, weshalb neun auch Summe zweier Dreieckszahlen ist:

9 = 3 + 6. Im Ternärsystem (mit der Basis drei) ist neun gleich 100." So geht es immer weiter: rätselhaft für den Nichtmathematiker, präzise für den, der in den entsprechenden Schulstunden nicht gerade Schiffeversenken unter der Bank gespielt hat. Wir lernen daraus, dass die Zahlen in ihrem Zahlenreich eigenwillige, wenn man so sagen darf, unberechenbare Individuen sind. Jede Zahl hält andere, auf den ersten Blick unvorhersehbare Eigenschaften bereit. Sie alle zusammen bilden einen Ozean ohne Grenzen, auf dem eine Überraschung die andere jagt. Man kann zahlensüchtig werden bei einer Reise auf diesem Meer.

Verglichen mit den Abgründen der Zahlenkunde führt uns *Ach du grüne Neune* in eher seichtes Gewässer. Die allgemein akzeptierte Erklärung sagt: In Berlin gab es ein bekanntes Vergnügungslokal in der Blumenstraße 9, Haupteingang am Grünen Weg. Aus dem Lokal wurde ein billiges Tanzcafé, in dem es häufig zu Schlägereien kam. Wenn dann in Berlin anderswo etwas Schräges passierte, verglich man es mit der zwielichtigen Kneipe, die längst als die *Grüne Neune* in aller Munde war und rief: „Ach du ..." Ein Neunergeheimnis, das eigentlich keines ist.

von Klaus Podak

Wes das Herz voll ist ...

Herr Rüger aus München fragt, warum man eine Woche so oft acht Tage dauern lässt

Sehr geehrter Herr Rüger,

manchmal kommt, man weiß nicht wie, von irgendwo ein Liedlein her, und dann singen zwei vertraute, zwei englische Stimmen, dass sie sich nach Liebe sehnten. So übervoll ist ihr Herz, singen sie, so maßlos ihre Liebe, dass sie für acht Tage in der Woche reichte. Die Beatles sangen *Eight Days a Week* Ende 1964, und als Sie das neulich wieder hörten, sehr geehrter Herr Rüger, fragten Sie sich mit Recht, ob die Burschen in ihrem Liebesrausch vielleicht aufs rechte Zählen vergessen hätten. Eine Woche hat doch sieben und nicht acht Tage.

Das war aber nicht immer so. Bei den Römern zum Beispiel dauerte eine Arbeitswoche acht Tage, und dann begann wieder eine neue. Die Babylonier, die einmal die Astronomie samt der Astrologie erfunden haben, verfügten über einen wesentlich genaueren Kalender als die Römer, weil sie den ihren nämlich den Sternen abgeschaut hatten. Sie unterteilten das Jahr in Mondmonate und diese wieder in Mondphasen, die nachmals als *Woche* bekannten Siebentages-Abschnitte. Kaiser Konstantin, der das arg zersplitterte Römische Reich wieder einte, führte, noch ehe er zum Christentum fand, die Siebentage-Woche ein, die auf den Feiertag des Sonnengottes zuläuft. Da er sich damit praktischerweise im Einklang mit der christlichen Lehre befand, glauben wir bis heute an die sieben Tage, den Tarifvertrag und dass die Rente sicher sei. Wie auch nicht? Im ersten Buch Moses hat Gott sein Tun, die Welt aus dem Nichts zu kreieren. Er schafft Himmel und Erde, Wasser und Luft, knipst das Licht an, trennt Erde und Wasser, sorgt für Wachstum auf dieser Erde und für Gestirne am Himmel und am Boden reichlich Viehzeug, vergisst auch nicht die Fische und kommt dann auf einen Gedanken, der ihn noch etliche Male reuen sollte, er batzelt sich nämlich aus der langsam trocknenden Erde einen Menschen, ja, „zum Bilde Gottes schuff er ihn", wie uns Luther die Sache ausdeutscht, „vnd schuff sie ein Menlin vnd Frewlin". Nachdem er sie zuletzt noch gesegnet hatte, war nach sechs Tagen intensiver schöpferischer Tätigkeit selbst der allmächtige Gott erschöpft und ruhte am siebten Tage.

Sieben gilt als heilige Zahl, sie hat, gemessen an der Acht, so was eckig Primzahlenes, und wenn es auch noch wissenschaftlich belegt ist? Aber was heißt das schon: In der Französischen Revolution zersäbelten die Franzosen aus lauter Freude über das metrische System den Monat gleichmäßig in Zehner-Abschnitte und mussten zur Strafe gleich mehr arbeiten. (Pssst! Von dieser Option muss das BDI-Präsidium ja nicht unbedingt erfahren!) Die Beatles machten aus der Hyperbel, wonach eine Woche, wenn es um *Menlin* und *Frewlin* geht, auch acht Tage dauern kann, einen hübschen kleinen Song, beantworteten damit aber noch immer nicht Ihre Frage. Die Lösung findet sich in dem ärztlichen Rat, den wir, da uns der Kassenarztverband doch nicht aufnimmt, gern kostenlos erteilen: Mit Medikamenten dauert eine Grippe acht Tage und ohne eine ganze Woche.

von Willi Winkler

Altes Ei, neues Ei

Theodor Steudel aus Weißenfeld fragt, warum „eins, zwei, drei“ auf Bairisch „oans, zwoa, drei“ heißt und nicht „oans, zwoa, droa“

Lieber Herr Steudel,

erlauben Sie, dass wir mit Hanns von Gumppenberg (1866 bis 1928) beginnen, einem der trefflichsten und treffsichersten unter den deutschen Parodisten. Von ihm gibt es das Gedicht *Das Oadelwoaß*, „nach einer *oberbairischen* Dialektdichterin“. Hören wir uns die erste Strophe an:

O Berg – euch liab' ich allezoat,
Ja selbscht im Winta, wenn es schnoat!
Ich grüaß' den roanen Sunnenschoan
Und stoag' ins stoale G'wänd hinoan:
Da wer'n miar wohl die Woadel hoaß,
doch grüaßt mich z'letzt oan Oadelwoaß,
Oan Oadelwoaß!

Wir sehen hier die von Ihnen aufgeworfene Frage ins Groteske getrieben, indem Hanns von Gumppenberg seine Dichterin mit dem bairischen Diphthong oa herumfuhrwerken lässt, als wäre sie von allen guten Geistern verlassen. (Die dialektsprachliche Tolpatschigkeit, die er damit anprangert, hat sich bei manchen Mundartdichtern übrigens bis heute so frisch wie blamabel erhalten.) Indessen sind nur zwei der oa-Beispiele unsinnig, nämlich in Woadel (Wadel) und am Anfang von Oadelwoaß (Edelweiß); die übrigen können unsere oa/ei-Problematik sehr wohl beleuchten.

Um festen Grund unter die Füße zu bekommen, versichern wir uns der Unterstützung durch Ludwig Merkle, dessen *Bairische Grammatik* nicht nur Nothelfer ist, sondern auch angenehme Lektüre. Ihm zufolge ist der Diphthong oa – er schreibt ihn oà, um die Helligkeit des a herauszustreichen – eine Spezialität des Bairischen, und wie wenig ihm die Schriftsprachler gewachsen sind, hört man, wenn sie sich mit den oberlustigen Losungswörtern Oàchkàtzlschwoàf und Loàwedoàg abplagen. Eine landläufige Vermutung geht dahin, dass jedes schriftdeutsche ei im Bairischen durch oà wiedergegeben wird. Merkle widerlegt das mit zwei Mustersätzen: zwoà Froschloàch auf oàn Schdroàch (zwei Froschlaiche auf einen Streich), aber: drei Schneida bein Reiddn (drei Schneider beim Reiten).

Das Sprachgesetz, nach dem im Bairischen aus dem ei ein oà wird, lautet folgendermaßen: Ein Laut, der heute hochdeutsch ei ausgesprochen wird, kann im Alt- und Mittelhochdeutschen ebenfalls ei gelautet haben (in zwei zum Beispiel), er kann aber auch ein langes i gewesen sein (drî oder snîder); den einen nennt man *altes ei*, den anderen *neues ei*. Nur aus dem ei wird ein bairisches oà, aus î hingegen ei. Merkle bietet dazu einen gar wundersamen Übungssatz, der auf Schriftdeutsch lautet: Mein Weib weint, weil es meint, deine zwei weißen Scheißgeißen beißen es gleich. Und nun auf Bairisch: Mei Wei woànd, wei s moànd, deine zwoà weißn Scheißgoàßn beißn's glei.

Freilich ist es nicht so, dass aus ei immer oà würde. Merkle nennt die Wörter Fleisch, heilig und Geist, die von Rechts wegen Floàsch, hoàlig und Goàst lauten müssten: Sie seien, als wichtige Wörter der kirchlichen Verkündigung, von diesem Prozess ausgenommen gewesen. Der hochdeutsche Einfluss habe in jüngerer Zeit Ähnliches bewirkt: Aus Teil etwa wurde bairisch Teil statt Toàl.

Und noch eine Rarität aus Merkles Wundertüte: Der Loàmsiàdà ist ein langweiliger Mensch und leitet sich vom wohl nicht sehr spannenden Beruf des Leimsieders her. Leim aber hieß mittelhochdeutsch lîm, weswegen das oà eigentlich falsch ist. „Hier irrt die Mundart", sagt Merkle, sie habe Leim und Lehm (mittelhochdeutsch leim, bairisch Loàm) durcheinandergebracht.

Und damit die Sache die richtige Rundung bekommt, hier der zweite Teil von Gumppenbergs Gedicht:

O Liad, gediachtet still dahoam,
Wie g'froat von diar mich jeda Roam!
Jetzt kling' von Berg zu Bergen woat,
Zum Proas der Alpenherrlichkoat!
Und singt dich d'Senn'rin hoch am Oas,
Dann bist auch du oan Oadelwoaß,
Oan Oadelwoaß!

von Hermann Unterstöger

Gesäß mit Ohren

Herrn Dietmar Tank aus Ingolstadt interessieren die „vier Buchstaben", auf die wir uns setzen

Sehr geehrter Herr Tank,

„Good authors too who once knew better words,
Now only use four letter words
Writing prose, anything goes.
The world has gone mad today
And good's bad today, ..."

heißt es ironisch in Cole Porters *Anything Goes*, einem der erfolgreichsten Musicals der dreißiger Jahre. Die Four-letter-words beziehen sich auf englische Bezeichnungen aus der Fäkalsprache, die vier Buchstaben zählen und als unanständig gelten, wie etwa *shit, damn, fuck ...*

Im Deutschen vermeidet man mit der euphemistischen Aufforderung, sich auf seine vier Buchstaben zu setzen, das Wort *Popo*. Wenn man sich in Süddeutschland statt auf vier auf seine fünf Buchstaben setzen soll oder möchte, geht man damit zum deftigen 5-buchstabigen *Arsch* auf Distanz. Vordem war umgangssprachlich Asch im Gebrauch, das r kam im Lauf der Zeit dazu. In Schleswig-Holstein sagte man *Ars* und setzte sich damit auf seine drei Buchstaben.

Das altgermanische Wort *ars*, niederländisch *aars*, englisch *arse* beruht, so der Herkunfts-Duden, auf indogermanisch *orsos,* Hinterer, was so viel bedeutet wie Erhebung, hervorragender Körperteil. Im Gegensatz zum penibleren Sprachgebrauch ist der

Arsch als hervorragender Körperteil in der niederen Umgangssprache in sehr vielen Wendungen nach wie vor im Umlauf; so heißt ein Dummkopf in der Militärsprache *Arsch mit Ohren*, ein *Arschkriecher* bezeichnet einen liebedienernden Menschen.

Noch mal zu *Popo* und *Podex*, sehr geehrter Herr Tank: *Popo* stammt aus der Ammensprache und ist seit dem 18. Jahrhundert als familiärer Ausdruck für Gesäß belegt. *Podex* kommt aus dem Lateinischen und steht im Ablaut zu *pedere*, furzen. Das Wörterbuch der Brüder Grimm definiert „vier Buchstaben: verhüllend für popo". Und: „bobo, ... mit dem Ton auf der letzten Silbe: traulicher als der Hintere, feiner als Arsch und in der Rede gebildeter verwendbar".

Man kann auch elegant mit Vier- und Fünf-Buchstaben-Wörtern umgehen, wie Joachim Ringelnatz in seinem melancholischen Gedichtlein *Missglücktes Liebesabenteuer* zeigt:

Das Herz sitzt über dem Popo.
Das Hirn überragt beides.
Leider! Denn daraus entspringen so
Viele Quellen des Leides.
Doch ginge uns plötzlich das Hirn ins Gesäß
Und die Afterpracht in die Köpfe,
Wir wären noch minder als hohles Gefäß,
Nur gestürzte, unfertige Töpfe.
Herz, Arsch und Hirn. Ich ziehe retour
Meine kleinliche Überlegung.
Denn dieses ganze Gedicht kommt nur
Aus einer enttäuschten Erregung.

von Birgit Weidinger

Dreikäsehoch

Theo W. Jasper aus Hamburg interessiert, woher die Bezeichnung „Dreikäsehoch" kommt

Lieber Herr Jasper,

der Käse (aus lateinisch *caseus*) nimmt im Volksmund einen breiten Raum ein. Vielleicht weil er ein uraltes Mittel zum Leben ist, vielleicht einfach darum, weil er gut schmeckt, wahrscheinlich aber aus beiden Gründen. Das Wort Käse kommt allerdings erst zusammen mit der Labkäsezubereitung in unsere Sprache. Unsere Germanen labten sich zuvor allein mit Weichkäse, also Quark. Da wundert es nicht, dass auch der Quarkkäse sowohl im Volks- wie im Dichtermund sein Plätzchen gefunden hat. Am bekanntesten wohl in Goethes genialem Diktum „Getretner Quark / Wird breit, nicht stark". Unterschlagen wird meist, dass der Spruch weitergeht, nämlich so: „Schlägst du ihn aber mit Gewalt / In feste Form, er nimmt Gestalt."

Aber zurück zum echten Käse, der von Natur aus schon Gestalt gewonnen hat, der schnittfeste. Er bewohnt in der Sprachform unserer Redeweisen ganz selbstverständlich den Alltag: So ein Käse! Das ist doch alles Käse! Mach nicht solchen Käse! Quatsch doch keinen Käse! Reg dich nicht über jeden Käse auf! Das geht dich einen Käse an! Dem Käse haftet in solchen Sprüchen nicht unbedingt etwas Lobenswertes an. Das könnte am Gestank liegen, der, zumal bei altem Käse einiger Sorten (Limburger!), zu Abwehr und Widerstand aufreizen kann. In der Dichtkunst kommt der Käse besser weg. Liest man im *Don Quijote*, so gewinnt man den Eindruck, Sancho Pansa und sein

Herr würden sich hauptsächlich von Brot und Käse ernähren, wobei auch der Weichkäse eine manchmal recht komische Rolle spielt. Für Robinson Crusoe auf seiner Insel werden Butter und Käse, die er seinen Ziegen verdankt, zu Überlebensmitteln.

Nun aber der *Dreikäsehoch*. Er ist umgangssprachlich seit dem späten 18. Jahrhundert belegt, und zwar im 1767 erschienenen *Versuch eines bremisch-niedersächsischen Wörterbuchs*. Allerdings sind es da erst einmal nur zwei Käse, die als Maß dienen: „Een Junge twe Kese hoog: ein kleiner kurzer Junge". In den Gegenden, denen sich das Wörterbuch zuwendet, machte man damals auf allen Bauernhöfen Käse nach Art der Holländer, in Kugelform oder in Form von Wagenrädern. Die schwierig zu beantwortende Frage ist nur, wie man sich die Anordnung der drei Käse vorzustellen hat. Die Kugeln werden es nicht gewesen sein, mit denen gemessen wurde. Die Wagenräder – rund 30 Zentimeter Durchmesser – müssen wir uns beim Messen wohl hochkant aufeinander vorstellen. Na ja, ein Sprachspiel, der Dreikäsehoch, nichts Ernstes, dem man mit Physik zu Leibe rücken muss.

von Klaus Podak

Jupiter zählt mehr

Die Brüder Gottwald aus Nürnberg interessiert das Uhren-Design der römischen Vier

Lieber Alexander, lieber Christopher Gottwald,

ihr seid 11 und 8 und werdet wohl früher oder später Goethes Gelehrten Herrn Faust kennenlernen, der mit Mephisto verhandelt und sich wünscht: „Die Uhr mag stehn, der Zeiger fallen/ Es sei die Zeit für mich vorbei“. Bei Wilhelm Busch dagegen läuft die Zeit im Sauseschritt, und damit wir wissen, woran wir zeitlich sind, teilen unsere Uhren die Zeit in Sekunden, Minuten und Stunden ein. Auf Standuhren, Armbanduhren, Taschenuhren oder öffentlichen Uhren wird sie angezeigt und abgelesen. Dabei ist euch nun aufgefallen, dass auf den meisten Zifferblättern dieser Uhren die römische Ziffer Vier als IIII und nicht als IV erscheint.

Woran das liegt, fragt ihr. Hat da einer etwas falsch gemacht? Nein, sagen Fachleute, es ist so, dass der Gebrauch der römischen Zahlen seinerzeit nicht zur Errechnung von Werten diente, sondern zum Abzählen – oft unter Zuhilfenahme der Finger. Denn das Rechnen beherrschten nicht viele. Dass sich die IV gegenüber der IIII nicht allgemein durchsetzen konnte, lag außerdem auch daran, dass das I, das im Lateinischen für J, und das V, das für U stand, die Anfangsbuchstaben des Gottes Jupiter bedeuteten. Es galt als lästerlich, diese Buchstaben des göttlichen Namens zum Zählen zu verwenden. Eine weitere Erklärung sagt, dass sich alle Einzelzeichen eines Zifferblatts mit IIII aus genau viermal den Zeichen I,I,I,I, I, V und X zusammensetzen und damit die Herstellung der Zahlen mit Gussformen oder Schablonen rationeller war. Andere Experten verweisen darauf, dass es in der Renaissance durchaus modern gewesen sei, Uhren mit 24 Ziffern herzustellen, dadurch hätte die IV leicht mit der eng benachbarten VI verwechselt werden können.

Der französische König Charles V. (1338–1380) soll die IIII als die einzig richtige Schreibweise für alle Zifferblätter bestimmt haben. Römische Ziffern wurden in Mitteleuropa bis über das 16. Jahrhundert hinaus benutzt. Heute werden sie, außer auf Uhren, zur Nummerierung von Kapiteln, bei Personen gleichen Namens oder zur Dekoration von Zahlen verwendet. Bei einem Besuch eines Uhrenmuseums, zum Beispiel in Furtwangen im Schwarzwald, gibt es viel Anschauungsmaterial zur Geschichte der Uhren. Übrigens: Hersteller von Quarzuhren, deren Digitalanzeigen arabische Ziffern darstellen, bilden die Zeit wieder anders ab. Eine europäische Direktive schreibt vor, dass es um vier Uhr nachmittags 16:00 ist. Das ist dem berühmten Wahrzeichen Londons, dem Big Ben, egal. Er ist mit römischen Ziffern im gotischen Stil ausgestattet und zeigt unbeirrt die IV an.

von Birgit Weidinger

5.

Bodyparts

Fest! Fester! Autsch!

Frieda Wimmer aus München fragt, wieso man den Daumen drückt, wenn man Glück wünscht

Liebe Frau Wimmer,

über die Wichtigkeit des Daumens brauchen wir nicht lange zu reden, sie ist sozusagen amtsbekannt. Ohne Daumen kann man nicht oder nur schwer klettern, geigen, aus dem Maßkrug trinken und regieren. Letzteres schließen wir aus dem Buch der Richter. Dort wird von einem gewissen Adoni Besek berichtet, dem die Kinder Israel nach der Gefangennahme die Daumen abhacken, worauf er sagt, siebzig Könige mit abgehauenen Daumen hätten unter seinem Tisch die Reste aufgelesen, und das werde ihm jetzt von Gott vergolten. Siebzig Könige unterm Tisch! Das Möbel hätte man gerne mal gesehen.

Das *Handwörterbuch des deutschen Aberglaubens* fackelt nicht lange, sondern beginnt den Artikel über den Daumen mit der Feststellung, dass dem Daumen, als dem kräftigsten der Finger, übernatürliche Kräfte zugetraut würden. So zum Beispiel könne man sich unsichtbar machen, wenn man am linken Daumen einen Däumling aus schwarzem Katzenfell trage. In einer Anmerkung findet sich auch der Hinweis auf die anscheinend älteste Quelle des Glück bringenden Daumendrückens. Es handelt sich um Plinius' des Älteren *Naturalis Historia*, in der geschrieben steht: „Pollices, cum faveamus, premere etiam proverbio iubemur" (Ein Sprichwort lässt uns auch die Daumen drücken, wenn wir jemandem gewogen sind). Man sieht: Schon damals hat es eine entsprechende Spruchweisheit gegeben. Dem

Handwörterbuch zufolge ist der Brauch des Daumendrückens *allbekannt* und Rest eines *Bindungszaubers*, der darin besteht, dass man den feindlichen Dämon festhält, so wie man den Daumen festhält. Es tut sich da ein ziemlich weites Feld auf, indem es zum Beispiel nützlich ist, im Bett den Daumen einzubiegen, um sich vor Alpdruck oder Hexen zu schützen. Auch die Strafen für einen Meineid sind zu umgehen, wenn man beim Schwur den Daumen einbiegt – eine interessante, weil weniger leicht nachzuweisende Variante der geläufigen Sicherung, bei der man mit den zu Boden gesenkten Schwurfingern der Linken den mit der Rechten geleisteten Meineid in die Erde *ableitet*. Und was, wenn einer mit einer Flinte auf uns anlegt? Dann sollten wir beide Daumen in die Hände schlagen und dazu sprechen: „O Mensch, bedenke das Ende, so wirst du nimmermehr Übles tun."

Wie nicht anders zu erwarten, hat der Volksmund, und nicht nur der deutsche, eine Fülle daumenbezogener Redensarten hervorgebracht. So sagt man von einem guten Freund, er sei der Finger nächst dem Daumen; von einem, dem wenig Essen genügt, er habe den Daumen drin gehabt; von einem anmaßenden Menschen, er sei dick unter dem Daumen; von einem betrügerischen Metzger, er wiege den Daumen mit; von einem Herrschsüchtigen, er halte den Daumen drauf; von einem säumigen Zahler schließlich, sein Daumen habe die Gicht, oder er könne mit dem Daumen nicht recht nachkommen.

Kurioserweise wirkt die Wunderkraft am stärksten in Daumen, die man einem erhängten Dieb abgeschnitten hat. Im Grimmschen Wörterbuch lesen wir von Diebsdaumen, die in Gold und Silber gefasst wurden. Spieler versuchten „damit das glück zu fesseln", und Wirtsleute müssen sie in Wein oder Bier gesteckt haben, um Gäste anzulocken. Man wird lieben Freunden sicher nicht schaden, wenn man beim Daumendrücken auch solche Aspekte im Hinterkopf hat.

von Hermann Unterstöger

Ertrinken, versinken

Silvia Vogel aus München will wissen, warum Menschen es „faustdick hinter den Ohren haben"

Liebe Frau Vogel,

das Ohr, verrät uns Lutz Röhrich in seinem *Lexikon der sprichwörtlichen Redensarten*, spielt in Sprichwörtern und Redensarten eine größere Rolle als das Auge. Das verblüfft. Halten wir doch das Auge für unser bedeutendstes Sinnesorgan, dem wir den farbigen Abglanz des Lebens, wie der Dichter sagt, zu verdanken haben. Aber es stimmt. Denkt man nach, sieht man nach, dann begegnen einem Mengen von Ohrsprüchen, Ohrbildern, Ohrmetaphern. Da steckt einer bis über beide Ohren in Arbeit oder Schulden. Ein anderer ist bis über diese beiden Organe verliebt, vor allem wenn er sein Herz in Heidelberg verloren hat. *Bis über beide Ohren*, das soll sich ursprünglich von einem Ertrinkenden oder im Sumpf Versinkenden herleiten lassen. Das widerspricht dem Liebesgeschehen allerdings nicht. Richard Wagner lässt in *Tristan und Isolde* die sterbende Isolde singen: „Ertrinken – versinken – unbewusst – höchste Lust!" Traurig, aber wahr. „Der Vorhang fällt langsam."

Doch zurück zu Ohrenschmaus und Ohrwürmern. Wir begegnen dem Schlitzohr, dem Ohrfeigengesicht und manchmal einem, der uns das Fell über die Ohren ziehen will oder uns über eins hauen will. Ohren wurden immer auch als Charakterzeichen gedeutet. Paracelsus zum Beispiel schreibt: „Kleine, niedergedrückte Ohren sind ein böses Zeichen, denn sie zeigen gemeiniglich an einen bösen, tückischen, falschen, ungerechten

Menschen." Später aber sollten die kleinen Ohren Geld und Reichtum bedeuten. Das Ohr galt auch als eine der Leibesöffnungen, durch die die Seele und auch Dämonen ein- und ausgehen können. Missgestaltete Ohren waren Kennzeichen von Dämonen und Teufeln.

Menschen, die es dick oder faustdick hinter den Ohren hatten, galten als schlau, aber auch verschlagen. Das kommt her von einer einst verbreiteten Schädellehre. Die Eigenschaften eines Menschen las man von den Höckern und Wülsten des Kopfes ab. Der Wulst der Verschlagenheit wurde hinter den Ohren gefunden: Je dicker, je schlimmer. Faustdick war am schlimmsten. In den Märchen der Brüder Grimm gibt es die Geschichte von der Gänsehirtin am Brunnen. Darin kommt eine alte Frau vor (es ist nicht die Gänsehirtin), von der die Leute sagen: „Nimm dich in acht vor der Alten, die hat's faustdick hinter den Ohren: Es ist eine Hexe." In Wirklichkeit ist sie eine weise Frau, die Gutes tut, eine Prinzessin rettet, einem Grafen zum Glück verhilft. So kann man sich irren mit den Ohren und dem, was dahinter ist.

von Klaus Podak

In der Hitze der Nacht

Felix Groß aus Mainz weiß nicht, ob es ihm auf oder unter den „Nägeln brennen" soll

Sehr geehrter Herr Groß,

Sie dürfen sicher sein, dass es im Mittelalter mitunter recht ungesellig zuging. Der wissenschaftliche Fortschritt ließ auf sich warten, wenn er nicht gleich durch unsere allein selig machende Kirche am Fortschreiten gehindert wurde. Dafür herrschten damals Recht und Ordnung, und wer dagegen verstieß, hatte eben mit allerlei Fährnis gegen seinen Leib zu rechnen. Das war natürlich nur zum Besten des Fehltreters, denn wie sonst wäre er zurück auf den Pfad der Tugend zu führen und letztlich auf dem Weg in die ewige Seligkeit zu halten gewesen, wo er mit Cherubinen und Seraphinen den lieben langen Tag und eigentlich noch über den jüngsten hinaus des Gotteslobs hätte pflegen dürfen. Aber wir wollen nicht abschweifen.

Zu den elaborierteren Mitteln der mittelalterlichen Strafprozessordnung gehörte die Praxis, dem Delinquenten brennende Kienspäne unter die Fingernägel zu treiben, auf dass er seine Verbrechen bekenne. Von dieser pittoresken Geständniserzwingungsmethode mag es herrühren, dass Sie häufiger davon lesen, jemandem brenne etwas unter den Nägeln, wo er doch bloß möglichst schnell loswerden möchte, was er auf dem Herzen hat. Auch wenn Ihnen das Internet anderes weismacht, ist es falsch. Die Fingernägel – das muss man den Jüngeren unter unseren weiblichen Lesern vielleicht doch erklären – sind nicht allein zum Anmalen da, sondern um die Stellen mit einer besonders starken Innervierung zu schützen und nebenbei das Greifen der A-Saite zu ermöglichen.

Man kann Nägel kauen, die Nagelprobe machen, unter Niednägeln leiden und die Hitze auf den Nägeln spüren. Auf? Ja, auf den Nägeln. Nein, Sie dürfen es schon glauben, sehr geehrter Herr Groß, es brennt, wenn es ganz arg ist, auf den Nägeln und nicht darunter. Sei's, dass die Erinnerung an die peinliche Befragung gewichen, sei es, dass die Menschen anfingen, den Tag in die Nacht hinein zu verlängern und beim Lichte vieler Kerzen Immanuel Kants *Kritik der reinen Vernunft* zu studieren, die Kerzen, die oft nur Talglichter waren, brannten dabei oft herab bis auf die Fingernägel. Noch zur Goethezeit war diese Bedeutung erkennbar, weil es da sogar *auf den Nagel* brannte.

Trotz der inzwischen erfundenen Elektrizität müssen Sie dieses wichtige Bildungsgefühl der Aufklärung heute nicht missen. Sie brauchen nur ein brennendes Streichholz lange genug festzuhalten, und schon brennt Ihnen die heiße Flamme auf dem Fingernagel. Nicht nachmachen, Kinder!

von Willi Winkler

Zugabe! Zugabe!

Lotte Becker-Voss interessiert, ob uns Händeklatschen beigebracht wurde oder angeboren ist

Liebe Frau Becker-Voss,

betrachtet man den deutschen Menschen bei einer der diversen Veranstaltungen, die unter dem Namen *Volksmusik* den Verstand verdunkeln, dann kann man tatsächlich auf den Gedanken kommen, Händeklatschen sei unserer Art nicht nur genetisch mitgegeben, sondern werde, beim deutschen Menschen zumal, von seichten Gesängen plus dumpfem Rumtata geradezu naturgesetzlich erzwungen. Wen je das Schicksal in eine Versammlung knallfroher Patschhändchen versetzt hat, der wird lange Zeit die Verwunderung nicht mehr loswerden, die einen ob solcher besessenen Klatschseligkeit ergreifen kann. Da haben archaische Reize eine Macht in den Seelen aufgerührt, der nur um den Preis totaler Isolation zu entkommen ist. Wer nicht mitklatscht, hat sich aus der Gemeinschaft aller frohgemuten Lebewesen ausgeschlossen.

Angeboren oder erlernt, der Wahn zu rhythmischer Motorik mit den Händen? In der Frühzeit der modernen Irrenkunde schwante den Fachleuten, dass solche Äußerungen unbändigen Frohsinns manchmal nicht ganz geheuer sein können. In der fünften Auflage des Lehrbuchs *Psychiatrie* von Emil Kraepelin aus dem Jahr 1896 lesen wir, nachdem der berühmte Mann ein paar Verhaltensauffälligkeiten zusammengestellt hat, die den heutigen Leser stark an das Gebaren fernsehsüchtiger Zeitgenossen erinnern: „Rascher, oberflächlicher Wechsel der Stimmung und eine äußerliche, ziellose Unruhe und Beweglichkeit, die sich in Händeklatschen, Herumspringen, lebhaften Gebärden, Lachen und Schreien kundgibt, vervollständigen das Bild." Was für ein Bild hat der gute Kraepelin vor Augen? Nun ja, wir befinden uns in dem Kapitel, das überschrieben ist *Die Idiotie*.

Wir wollen keineswegs behaupten, das jedes besessene Klatschen gleich einen Idioten macht. Es gibt zum Beispiel den begeisterten Applaus nach einem großen Kunstgenuss, vom Feuilleton gern als *nicht enden wollender Beifall* bezeichnet. Es gibt das sensibel begleitende Klatschen, mit dem die Mitglieder einer Flamenco-Gruppe ihre Sänger anfeuern. Es gibt die Kinder, die in Begeisterung über eine schöne Überraschung spontan in die Hände klatschen. Es gibt den kurzen, scharfen Knall, mit dem Hund oder Katze zur Räson gerufen werden. Vieldeutig ist das Phänomen des Händeklatschens. Es hat immer etwas mit Emotionen zu tun, mit Energien vor und jenseits der Vernunft. Es kann fehlgeleitet werden, massenhaft, wie im Händeklatschwahn. Angeboren ist die Fähigkeit, mit den Händen Gefühle auszudrücken. Gelernt ist die idiotische Übertreibung, ohne Sinn und Verstand.

von Klaus Podak

Vernarrt ins Rundliche

Frau Andrea Bock möchte wissen, woher das schöne Wort „Busenfreund/in“ stammt

Sehr verehrte Frau Bock,

da haben Sie uns aber auch was aufgegeben. Der *B.freund* (wenn Sie uns prüderen Gesellen hier in der Redaktion die Abkürzung gestatten wollen) kommt direkt aus der Goethezeit. Im letzten Drittel des 18. Jahrhunderts konnte man sich plötzlich gar nicht mehr genug tun mit dem B., an den man ständig sank, in dem man etwas barg und an dem man viele Tränen vergießen konnte. Dieser B., das nur an unsere Leser im empfindsameren Alter, lehnt sich wohl an die Form der weiblichen Brust an, im Grunde ist damit aber geschlechtsneutral die dem Herzen vorgelagerte Vorderfront bezeichnet.

Der *B.freund*, die *B.freundin* wäre danach die Person, die man ins innigste Vertrauen zieht, mit der man, wie die Kardiologen leider nicht sagen, von Herz zu Herz sprechen kann. Das in allen Zweifelsfällen maßgebliche Grimmsche Wörterbuch führt übrigens einen Vers des nicht genug zu feiernden Friedrich Schiller an, den wir gern (und selbstverständlich in der radikalen Kleinschreibung der Grimms) weiterreichen:

> *„hier grüszt mich meine ländliche natur,*
> *die busenfreundin meiner jungen jahre.“*

Das hat nichts mit den auch hierorts geschätzten sekundären weiblichen Geschlechtsmerkmalen zu tun, der B., von dem der Dichter sich gegrüßt weiß, ist jener der Mutter Natur. Die hat uns, wenn wir den Dichter recht verstehen, alle genährt, sie bleibt uns vertraute Amme, und deshalb kehren wir immer wieder gern zu ihr zurück, sinken ihr an den B., bergen unser Gesicht dort usw. Ist das alles, werden Sie jetzt fragen, sehr verehrte Frau Bock, der trockne B. der Natur? Nicht ganz natürlich. Der bereits erwähnte Schiller scheint uns ganz und gar vernarrt in diesen Busen gewesen zu sein und kann sich gar nicht genug tun mit der Anrufung des nicht immer nur bildlich gemeinten B. Allein in der traumschönen Ballade *Die Kindsmörderin*, erschienen in der Anthologie auf das Jahr 1782, ist vom *weiblichen Busenwallen* die Rede, wird der *beklommne Mutterbusen* beschworen, warnt der Dichter kennerisch, von wo Gefahr droht: *o im Busen Hölle*.

Gefahr, aber das Rettende doch auch, sehr verehrte Frau Bock. Der womöglich sogar noch ein kleines bisschen mehr zu feiernde Jean Paul – ein Benjamin von Stuckrad-Barre seiner Zeit – berichtet einem neidischen B.freund, wie ihm die Weiber, kaum dass der Erfolg ihn erreicht hat, „nach der Apostel Zahl“ in den Schoß fallen. Eine darunter, die Henriette von Schlabrendorff, zeigte sich seinen Erkundungen im Rundlichen besonders aufgeschlossen: „Unser Weg gieng bergunter, d. h. schnel, wir legten in Sekunden Wochen zurük“, wird ein Freund brieflich, nun ja, auf dem Laufenden gehalten. „So schnalte sie das collier ab und machte ungebeten die tiefern schönen Spizen auf. Ihr globulus hatte die Farbe und – Weichheit der Wolkenflocken.“ Da sie dann sogar noch den Wunsch äußerte, „an mir zu schlafen“, wurd’ ihm die Sache – globulus hin, Freundschaft her – doch ein wenig blümerant, und er verzog sich vorm drohenden Eheglück. Später fand er doch die Seine, ein treues Eheweib, wie nur je eines, aber dennoch zog’s den Dichter immer wieder an den Busen der Natur. Wohl täglich wanderte er hinaus aus der Stadt Bayreuth und suchte eine Schreibstube in einer naturschönen Wirtschaft auf, wo ihn eine weitere Busen- oder Herzensfreundin endlich verstand und ihm einen um den andern Krug mit schäumendem fränkischem Bier kredenzte. O im Busen Seligkeit!

von Willi Winkler

Eine kleine Hirnmusik

Annemarie Wessely aus Unterhaching fragt, was es mit dem „musikalischen Hinterkopf“ auf sich hat

Liebe Frau Wessely,

als Ihre Frage hier eintraf, war unsere erste Reaktion: Na, das haben wir gleich! Es gibt nämlich unter unseren diversen Hilfsmitteln die Zeichnung eines Kopfes, dessen Gehirn aus ungefähr vierzig Kammern besteht, worin je ein Sinn seinen Sitz hat. Im Raum 22 haust beispielsweise der Nachahmungssinn, kenntlich an einem Maler vor seiner Staffelei, und im Raum 27 der Wägesinn, dargestellt durch einen Seiltänzer. Den Tonsinn repräsentiert ein die Lyra spielendes Mädchen, nur befindet sich ihre Kammer (Raum 34) leider nicht im Hinterkopf, sondern an der Schläfe. Den vermeintlich musikalischen Hinterkopf haben die Heimat-, Eltern- und Geschlechtsliebe mit Beschlag belegt.

Die Ahnung, das Denkvermögen könne mit der Größe des Kopfes zusammenhängen, zeigt sich schon in dem Scherzwort, mit dem man siebengescheite Kinder zu zügeln sucht: „Überlass das Denken den Pferden, die haben den größeren Kopf!“ Darauf verließ sich Weimars Bürgermeister Karl Leberecht bei der Öffnung des Sammelgrabs, in dem auch Schillers Gebeine lagen. Spontan zeigte er auf den größten Totenkopf und rief: „Das muss Schillers Schädel sein!“ Goethe bekam den Kopf ebenfalls zu Gesicht und sogar zu fassen, und er war begeistert: „Geheim Gefäß! Orakelsprüche spendend, / Wie bin ich wert, dich in der Hand zu halten?“

Ein geheim Gefäß scheint auch der musikalische Hinterkopf zu sein. Im Duden läuft er als Synonym für einen „runden, schön gewölbten" Hinterkopf. Das *Lexikon der sprichwörtlichen Redensarten* sieht in ihm zwar eine angeborene Musikalität „angeblich auch äußerlich manifestiert"; es erinnert aber zudem an den ironischen Gebrauch der Metapher „für jem. mit einem hässlichen oder nicht vorhandenen Hinterkopf oder für einen Unmusikalischen". Die von uns kürzlich in der Philharmonie durchgeführte Kopfbeschau ergab bei Dirigent (R. Muti), Chor und Orchester 47 Prozent schön gewölbte Hinterköpfe, 32 Prozent runde und eher unschön gewölbte, 17 Prozent nicht oder kaum vorhandene und 4 Prozent sehr hässliche. Dass es in den Feuilletons nicht viel anders aussieht, sei erwähnt.

Die Hirnforschung ist ein für diese Kolumne allzu weites Feld, doch kann man referieren, dass Aristoteles im Gehirn einen Kühler des vom Herzen aus oft heiß aufwallenden Blutes sah, wohingegen es sich für die Kirchenväter als dreifach geteilter Raum darstellte: vorne die cellula phantastica für die Sinne, dahinter die cellula rationalis für den Verstand und ganz hinten die cellula memoria fürs Gedächtnis. Bei der eingangs beschriebenen Schädelskizze sitzt das Gedächtnis übrigens vorn, und zwar ziemlich genau dort, wohin man sich fasst, wenn man etwas vergessen hat.

Uns fehlt der letzte Beleg, aber mit großer Wahrscheinlichkeit ist der musikalische Hinterkopf dem Wiener Arzt Franz Joseph Gall gutzuschreiben. Gall war ein Wundertier seiner Zeit und zog, da man seine Lehre in Wien verboten hatte, mit ihr durch die übrige Welt, die völlig fasziniert war. Galls Lehre lief darauf hinaus, dass geistige Leistungen im Gehirngewebe entstehen, das seinerseits funktionell gegliedert ist und in der Kopfform seine Spuren hinterlässt, nämlich „Erhabenheiten oder Ebenen und Einsenkungen auf der äußeren Fläche des Schedels". Unter 27 Grundfakultäten, die Gall unterscheidet, findet sich auch der Tonsinn; er sitzt mit anderen „Organen der eigentlichen

Seelenverrichtungen“ im dritten Abschnitt des Hirns, wo immer der gelegen sein mag.

Das Schädeldeuten wurde dank Gall zu einer rechten Mode und Marotte, von der nicht einmal Kants Kopf verschont blieb. Man konstatierte, „dass ein eminentes Denkvermögen sich hier mit hochgradiger Brachycephalie verband“. Mit einem Wort: Denkerstirn. Was am Kopf des großen Philosophen „gänzlich vermisst“ wurde, waren „zwey kuglichte Erhabenheiten am Hinterhaupte“, die sich „bey ihrer stärkeren Entwicklung durch einen breiten Nacken“ verraten und die als Kennzeichen für die „Organe des Geschlechtstriebes“ gewertet wurden. In der Tat blieb Immanuel Kant Zeit seines Lebens unbeweibt.

von Hermann Unterstöger

6.

Was es *noch alles* gibt

Jipp her mit die Geschenke

Eleonora Brauerhoch aus München interessiert die Bedeutung des seltsamen Worts „Menkenke"

Liebe Frau Brauerhoch,

Sprache ist auch Spiel. Man muss es gar nicht so weit treiben wie der Philosoph Ludwig Wittgenstein, der unseren Wörtergebrauch insgesamt als Sprachspiel zu deuten versuchte. Schon ein Wort allein kann Spiel sein, ein Wortspiel. Dabei kommen besonders gut die sinnlichen Qualitäten gesprochener Sprache zum Vorschein, der Klang, der Rhythmus, das Echo des Reims, der als Binnenreim sogar in einem einzigen Wort laut werden kann. Denken Sie an Wörter wie Larifari, Hokuspokus, hopsasa, trallala, rumsbums und fidirallala. Vor allem für Kinder, die mit allem spielen wollen, ist es ein Vergnügen, solche Wörter immer wieder lautstark herauszutrompeten.

Zu diesen Spielwörtern gehört auch die *Menkenke*, nach der Sie fragen. Belegt ist sie seit dem späten 19. Jahrhundert, vor allem in Nord- und Ostdeutschland, offenbar besonders häufig eingesetzt in und um Berlin. Einem anonymen Dichter verdanken wir die frechen Verse:

Lieber juter Weihnachtsmann,
kiek mir nich so böse an,
hör uff mit de Menkenke,
jipp her mit die Geschenke.

Bei dem Dichter Klabund finden wir sie auch. Der Name Klabund ist übrigens ebenfalls ein Spielwort. Der Mann hieß im bürgerlichen Leben Alfred Henschke. Klabund ist angeblich eine verkürzte Zusammenziehung der beiden Wörter Klabautermann und Vagabund, aber ganz sicher ist das nicht. In Klabunds Gedichtband *Die Harfenjule* (1927) steht ein Chanson, in dem ein Berliner Gör von ihrem Liebhaber, dem Verbrecher Emil, erzählt. Der landet am Ende unter dem Henkersbeil. Kurz bevor das niedersaust, heißt es:

Im Hof der ollen Zuchthausschenke
Steht blutbespritzt ein Podium,
der dove Pastor macht Menkenke,
Man sieht sich noch im Kreise um.

Das alles erklärt noch nicht, was *Menkenke* eigentlich bedeutet. Man kann es aber erschließen. Der Weihnachtsmann soll nicht mit überflüssigen Ermahnungen die Geschenkübergabe hinauszögern. Der Pastor soll nicht mit überflüssigen Salbadereien nerven. *Menkenke* ist also erst einmal etwas Überflüssiges, Nervendes. Ein Wörterbuch übersetzt *Menkenken machen* mit *Schwierigkeiten machen, Vorbehalte haben, Widerstand leisten.* Ein anderes bietet an *1. Geschrei, Umstände und 2. Blödsinn, Quatsch*. Zur Herkunft gibt es nur Spekulationen. Das Wort sei aus *mengen* entstanden, im Sinne von Gemisch, Durcheinander. Oder es sei jiddischen Ursprungs und komme von *mechanne sein*, das bedeutet um eine Sache herumreden. Ob's stimmt? Da machen wir uns mal keine *Menkenken* drum.

von Klaus Podak

Schlüssellochkunde

Karin Haider aus Planegg wüsste gern, warum man „aus dem Nähkästchen plaudert“

Liebe Frau Haider,

schon in den Götter- und Heldenliedern der *Edda* wird von der Weltesche Yggdrasil berichtet, auf der das Eichhörnchen Ratatöskr hin und her klettert und dabei Klatsch und Tratsch verbreitet, manchmal auch üble Nachrede. Es ist der erste rasende Reporter. Bei der Nachrichtenübertragung in die Unter- und Oberwelt halfen allerdings noch einige Baumbewohner kräftig mit: der geschwätzige Neiddrache Nidhögg, der an den Wurzeln nagt; und der Adler Hräswelgr, der auf dem Wipfel wie auf einem Rundfunkmast respektive Fernsehturm thront.

Ratatöskrs späte Nachfahren zerreißen sich noch immer gern das Maul, das auch als Plapper- und Lästermaul seinen Dienst tut. Hüpfen eichhörnchenhaft von Filmgala zu Opernball, von Traumhochzeit zu Besenkammer; stecken ihre Nase in alle Töpfe und werfen, wenn es sein muss, einen ebenso unerschrockenen wie investigativen Blick durchs Schlüsselloch. Es muss wohl oft sein, wie sonst sollen all die Klatschspalten gefüllt werden? Wie sonst soll das nach Neuigkeiten lechzende und vor Neugier platzende Publikum erfahren, dass sich Donald Trump seine wenigen Haare von hinten nach vorne kämmt und dass Victoria Beckham ihre Beine mit Bindegewebsschwäche spazieren trägt? Schön auch, wenn solche Beiträge gestochen scharfe Beweisbilder schmücken ...

Noch gar nicht lange *plaudert man aus dem Nähkästchen.*

Die Wendung, mit der das Preisgeben von Intimitäten umschrieben wird, stammt aus dem mittleren 19. Jahrhundert und ist analog gebildet zu der älteren Redensart *aus der Schule schwatzen* oder *plaudern*, d.h. von Dingen reden, die eigentlich das Geheimnis bestimmter Kreise sind. Weil das Nähkästchen ein Accessoire war, das für gewöhnlich nicht in Männerhände fiel, lag zwischen Nadel und Faden so manches Geheimnis verborgen. In Theodor Fontanes Roman *Effi Briest* stößt Herr von Innstetten durch Zufall auf die Briefe von Major Crampas an seine Frau, die *ganz zuunterst* in ihrem Nähkästchen gelegen hatten und sie des Ehebruchs überführen. Und in Gustave Flauberts *Madame Bovary* unterstreicht das Nähkästchen – gearbeitet aus Elfenbein, gefüllt mit goldenen Fingerhüten – die Eleganz und Sinnlichkeit der Titelheldin, die sich mit ihren Liebschaften vergeblich ein Leben in Leidenschaft und Luxus erträumt.

Die Leser genossen Flauberts Romandebüt gerade auch wegen seiner prickelnden Details. Der Autor aber musste sich wegen Verstoßes gegen die guten Sitten vor Gericht verantworten.

von Sven Siedenberg

Zahn und Wahn

Frau Brigitte Kleine aus München möchte gerne mehr über das „geflügelte Wort" erfahren

Sehr geehrte Frau Kleine,

viele Worte seien lange zu Fuß gegangen, ehe sie geflügelte Worte wurden, meint die Autorin Marie von Ebner-Eschenbach; Flügel wachsen ihnen, wenn sie Eingang in den allgemeinen Sprachgebrauch finden. Oft stammen solche Wendungen aus lateinischen oder griechischen Quellen, in Homers *Ilias* und *Odyssee* wird das *geflügelte Wort*, das auf Flügeln des Hörers Ohr erreicht, häufig zitiert. Der mittelhochdeutsche Dichter Heinrich von Meißen nennt das Sprichwort ein *flügges Wort*, der wortgewaltige Johann Heinrich Voß führt in seinen Homernachdichtungen den Ausdruck *geflügelte Worte* in die deutsche Sprache ein.

Wann wird nun eine Redewendung zum geflügelten Wort? „Als ich noch im Flügelkleide einst zur Mädchenschule ging ...", lässt ein unbekannter Dichter eine *Lina* in einem gleichnamigen Gedicht schwärmen. Die Flügelkleider waren leichte langärmelige Kleider, die die jungen Mädchenblüten im 17. Jahrhundert schmückten, sie waren populär und wurden deshalb in der Literatur gerne als Metapher verwendet. Die Erinnerung an dieses zarte Gewand führt den unermüdlichen Sprachforscher Lutz Röhrich auch zu Schillers ruhmreicher *Jungfrau von Orleans*: „Wie wird mir – Leichte Wolken heben mich – Der schwere Panzer wird zum Flügelkleide", lässt der Dichter die sterbende Johanna noch sagen – und die Befreiung von aller Erdenschwere schwingt sich als geflügeltes Wort durch die Sprache.

Manchmal ist es nicht einfach, die genaue Abgrenzung zwischen geflügeltem Wort und Gattungen wie Sprichwort, Sentenz, Aphorismus, Maxime oder Slogan herzustellen. Georg Büchmanns berühmte Zitatensammlung, 1864 erstmals erschienen und dann immer wieder aufgelegt als ein Hausbuch deutscher Bildung, sieht im *geflügelten Wort* einen Ausdruck oder Namen, gleichviel in welcher Sprache benutzt, der immer wieder angeführt wird und dessen historischer Urheber oder literarischer Ursprung nachweisbar ist.

Schiller hat vielen Worten Flügel wachsen lassen: „Die Limonade ist matt wie deine Seele“, klagt Ferdinand in *Kabale und Liebe* seine Luise an. „Die Axt im Haus erspart den Zimmermann“, findet Wilhelm Tell. „Gefährlich ist's, den Leu zu wecken, verderblich ist des Tigers Zahn, jedoch der schrecklichste der Schrecken, das ist der Mensch in seinem Wahn“, warnt das *Lied von der Glocke*. Und das letzte (geflügelte) Wort hat hier der Direktor im *Faust*, der findet: „Der Worte sind genug gewechselt.“

von Birgit Weidinger

Per tutti

Felix Doeleke aus Hamburg wundert sich, warum wir „mein lieber Herr Gesangverein“ ausrufen

Sehr geehrter Herr Doeleke,

nach einer leicht angegangenen Redensart soll Deutschland das Volk der Dichter und Denker sein. Das kann sein oder auch nicht, eins der Sänger ist es ganz gewiss. Die Romantiker brauchten nur eines Baumes ansichtig zu werden, und schon vibrierten die Stimmbänder, und wenn einer von einer Reise zurückkam und deshalb einiges zu erzählen hatte, tat er es gern gereimt und fein unterlegt mit großen und kleinen Terzen. Seien wir ehrlich: Im sakralen wie im profanen Bereich erhebt nichts mehr die Herzen als der wohltemperierte Gesang, der aus der freien Brust freier Männer strömt. Im gemeinschaftlichen Singen zeigt der Mensch sich von seiner edelsten Seite, kein Neid oder andrer Arg behelligt das rein musikalische Verhältnis zum Nachbarsänger.

Wie aber kommt's, dass dies Tutti-Unternehmen, dieser vielköpfige Klangkörper redensartlich als singulärer Herr angesprochen wird? Es handle sich dabei um einen Ausdruck der Bekräftigung, wohl auch des Staunens, weiß das Wörterbuch und sonst nicht viel mehr. Der Grimm kennt diese Redensart noch gar nicht, wohl aber den Gesangverein. Der wird verzeichnet im Band 5 von 1897 als ein Verein, der „zur ausübung und pflege des gesangs“ gegründet werde, und bringt den wichtigen Hinweis, dass Goethes Freund Carl Friedrich Zelter 1809 zu Berlin die erste Liedertafel gestiftet habe.

Schön und gut und sicherlich richtig, sagen Sie, sehr geehrter Herr Doeleke, aber warum *Herr* Gesangverein? Steckt da womöglich eine subtile Kritik am deutschen Vereinswesen dahinter? Oder bloß so ein bummelwitziges Scherzchen? Sie müssen uns bitte nachsehen, wenn uns bei Ihrer Frage eine Jugenderinnerung regelrecht überwältigt: die Szene am Schluss von *Winnetou III*, wenn der Titelheld stirbt. Dieses todtraurige Ende wird unvergleichlich durch einen Männerchor versüßt, der dem Sterbenden den Weg in die ewigen Jagdgründe mit einem *Ave Maria* erleichtert:

Es will das Licht des Lebens scheiden;
Nun bricht des Todes Nacht herein.
Die Seele will die Schwingen breiten;
Es muss, es muss gestorben sein.
Madonna, ach, in deine Hände
Leg ich mein letztes, heißes Flehn:
Erbitte mir ein gläubig Ende
Und dann ein selig Auferstehn!
Ave, ave Maria!

„Sehr langsam und innig", schreibt der Komponist May über seinen Chorsatz, und ehe der edlen Rothaut die Augen brechen, versichert er seinem *Schar-lih*, dass er an den Heiland glaube und (zwar nicht getauft, aber doch) Christ sei – nur daher kann sich die Wendung ableiten: Mein lieber Herr Gesangverein!

von Willi Winkler

Die Poesie des Gänserichs

Frau Na Ding aus München wüsste gern, warum es den Deutschen, aber keine „Deutschin" gibt

Sehr verehrte Frau Ding,

bei Ihrer Frage ist uns wieder einmal bewusst geworden, wie wenig wir von unserer Sprache wissen, denn kein Deutscher, und sei er noch so sehr um geschlechtergerechten Ausdruck bemüht, würde eine deutsche Staatsbürgerin als *Deutschin* bezeichnen. Das nennen die Linguisten den internalisierten Sprachgebrauch, die Beherrschung der Sprache, ohne dass man sich groß Gedanken darüber macht, warum etwas so und nicht anders ausgedrückt wird. Ausländern erst erschließt sich das grammatikalische System der Sprache, denn nur sie müssen alle Regeln und ihre reichen Ausnahmen lernen, um sich dann zu fragen: Warum?

Warum also gibt es in der großen europäischen Völkerfamilie zwar sehr wohl die Italienerin, die Russin, die Engländerin, auch die Finnin, womöglich auch die Andorranerin, aber eben keine Deutschin? Weil es, sagt der Muttersprachler, an der Seite des Deutschen bloß die Deutsche gibt. Sperrt sich das Deutsche womöglich gegen die Gleichberechtigung? Nein, sagt Peter Schmitt von der Arbeitsstelle Deutsches Wörterbuch, die deutsche Sprache sei jedenfalls „nicht frauenfeindlicher als andere Sprachen". Natürlich wollen Sie als Übersetzerin der Sprache alle Geheimnisse ablauschen, wenn Sie die manchmal krausen Sätze deutscher Autoren ins Chinesische übertragen. Es handelt sich, wie uns Herr Schmitt belehrt, bei der üblichen Art der

Wortbildung, von der die anderen Europäerinnen profitieren, um so genannte *movierte Feminina*. Mit diesem wertvollen Hinweis fiele es uns leicht, Ihre Frage zu beantworten, allein, er betrifft unser Problem gar nicht, denn diese *movierten Feminina* sind die Bezeichnung für *weibliche Wesen* (doch, so steht es in Winfried Ulrichs Buch *Linguistische Grundbegriffe*), die mit Hilfe des Ableitungssuffixes -in „aus maskulinen Nomina agentis" gebildet werden, also um weibliche Formen männlicher Begriffe nach dem Muster König – Königin, Bauer – Bäuerin oder auch Teufel – Teufelin. Seit wir keine Germanen oder Franken mehr sind, sondern als deutsch gelten, ist es mit dieser aus dem Mittelhochdeutschen fortgeführten Formenbildung mit -in vorbei, denn *deutsch* ist nun einmal kein Substantiv, sondern bloß ein Adjektiv. Alles Deutsche, Land wie Leute, ist von diesem Adjektiv abgeleitet, so auch das substantivierte Paar Deutscher/Deutsche.

Das Deutsche ist also eine weitgehend geregelte, oft etwas seltsame, aber doch auch wieder recht vernünftige Sprache, die sich statt der Deutschin lieber so poetische Formen wie den Gänserich, die Eichkätzin oder das Urmel aus dem Eis leistet.

von Willi Winkler

Eine Viertelstunde zu spät

Günter Lewark aus Freiburg interessiert sich für den „Treppenwitz der Geschichte“

Lieber Herr Lewark,

das ist Ihnen sicher auch schon passiert: Auf einer Party, bei einer Diskussion, hat ein anderer das große Wort geführt. Sie haben sich über das Großmaul geärgert, wollten ihm eins verpassen, verbal natürlich. Doch die richtige, die blitzgescheite, die witzige, die vernichtende Formulierung wollte sich nicht einstellen. Frust! Aber dann, plötzlich, auf dem Nachhauseweg – sollen wir sagen, schon als Sie die Treppe runtergingen? – war sie da, die witzige, die den Schwadroneur niederschmetternde Replik. Zu spät! Das, was Ihnen da nachträglich eingefallen ist, dieser Geistesblitz, den nennt man, oder nannte ihn früher, den Treppenwitz.

Früher? So um 1850 ist das Wort im Deutschen aufgetaucht. In Karl Gutzkows wunderbarem Großroman (9 Bände; 1858–1861) *Der Zauberer von Rom* heißt es einmal: „Jetzt verstand er, was man *Treppenwitz* nennt; demosthenische Reden blieben auf seiner Zunge liegen.“ Demosthenische Reden? Das sind Satzgebilde, sprachgewaltig, überzeugend, umwerfend wie die des Demosthenes, des berühmtesten Redners der Antike.

Trotz alledem: Merkwürdig ist das Wort *Treppenwitz* schon. In unsere Sprache ist es gekommen als eine Übersetzung aus dem Französischen. Da gab es die Formel *esprit d'escalier*. Und der *Esprit* wurde mit *Witz* ins Deutsche geholt. Nun hat *Esprit* und damals im Deutschen auch *Witz* erst einmal nichts mit so genannten Jokes oder den Brüllern am Stammtisch zu tun. *Witz* bedeutete, wie *Esprit*, Geist, intelligente geistige Gelenkigkeit. Es ist die geistreiche Wendung, die einem, eine Viertelstunde zu spät, auf der Treppe blitzartig einfällt.

Das alles erklärt noch nicht den rätselhaften *Treppenwitz der Geschichte*. Der Einfall im Nachhinein war als Wort im Deutschen bereits von der Blässe des Vergessens befallen, da erschien im Jahre 1882 ein Buch (das es noch heute zu kaufen gibt) mit dem Titel *Der Treppenwitz der Weltgeschichte. Geschichtliche Irrtümer, Entstellungen und Erfindungen*. Verfasst hatte es der deutsche Bankier und Schriftsteller William Lewis Hertslet (sein Vater war britischer Vizekonsul). Dieses Werk rettete dem Wort das Leben, wenn sich auch die Bedeutung dabei verändert hatte. Die Kurzbeschreibung des heutigen Verlags sagt, wie es nun gemeint ist: „Taten berühmter Männer, die nie begangen, Aussprüche, die nie gesagt wurden – als *Treppenwitze der Weltgeschichte* sind sie unsterblich geworden und im Gedächtnis der Menschen verankert." Der *Treppenwitz* ist damit erst zu etwas Lächerlichem geworden – oder verkommen.

von Klaus Podak

Müllbeseitigung

Robert Schuster will wissen, warum man sagt: „Hier sieht's aus wie bei Hempels unterm Sofa"

Sehr geehrter Herr Dr. Schuster,

diese seltsamen Hempels: wer oder was sind sie? Offensichtlich die Protoypen des leibhaftigen Chaos, unorganisiert, unvorstellbar schlampig, völlig unbekümmert in grenzenloser Unordnung lebend. Und wo sie herkommen, diese Hempels, nichts Genaues weiß man nicht. Denn: Es gibt sie gar nicht *in echt*. Sie sind leibhaftige Symbolfiguren. Zwar, so will eine auf der Hempelschen Existenz beharrende Erklärung wissen, habe um 1900 herum tatsächlich ein Zirkusartist namens Hempel existiert, der seinen Müll immer unter seinen Wohnwagen schob, weil er zu bequem war, ihn wegzutragen … Daher komme die Redensart mit der Variante: Bei euch sieht's aus wie bei Hempels unterm Wohnwagen.

Dorothea Schlegel, Sprachwissenschaftlerin an der Uni Stuttgart, nennt zwei mögliche Zentren des Hempelschen Chaos: eins unterm Sofa, das andere unterm Bett. Häufig taucht die eine oder andere dieser Örtlichkeiten in Untersuchungen zur Umgangssprache auf. Wie beim Berliner Dialekt, der die Fähigkeit entwickelt, bestimmte Situationen mit humorig-groben Beschimpfungen zu kommentieren. So wird im Fall der Redensart von den Hempels niemand direkt angesprochen, und was sich unterm Sofa/Bett dort genau anhäuft, das ist gar nicht so wichtig – es musste nur einfach mal was gesagt sein, zum Abreagieren.

Zur Herkunft der Redewendung weiß zum Beispiel Schmellers *Bayerisches Wörterbuch*, dass Hämpel, Hampel schon für das Jahr 1828 nachgewiesen ist. Vermutlich als Ableitung von Hampelmann, und der wird beschrieben als Puppe und als ein Simpel, ohne Benimm, ohne Lebensart, als Einfaltspinsel, als Waschlappen. Auch der Duden beruft sich darauf, dass Hempel, eine Nebenform zu Hampel, einen unkultivierten Menschen bezeichnet. Hampeln wird dort angegeben für umgangssprachlich zappeln. Die Abstammung des ursprünglich niederdeutschen Wortes sei aber nicht sicher geklärt. Schließlich: Hempel als Familienname hat sich laut Duden aus einer mit l-Suffix gebildeten Koseform von Hamp(e) entwickelt.

Der zappelnde Hampel/Hempelmann sitzt also herkunftsmäßig bei den symbolischen Hempels auf dem Sofa. Unser Wort Sofa stammt übrigens vom arabischen suffa – Ruhebank. Ordnungsliebende Geister mögen daraus kühn folgern, dass die Beseitigung der Hempelschen Unordnung beruhigt abzusehen ist. Denn eines Tages, wenn kein Fitzelchen Platz mehr ist unter der Ruhebank, müssen Hempels nolens volens ran an die Chaosbeseitigung – um Platz zu schaffen fürs neue Chaos.

von Birgit Weidinger

Sprenker Stimmstummel

Dieter Kunze aus Düsseldorf interessiert, woher die Bezeichnung „Gottelbock“ kommt

Sehr geehrter Herr Kunze,

bei seiner Ansprache am 15. März 1938 auf dem Wiener Heldenplatz meldete der Österreicher Adolf Hitler „vor der Geschichte nunmehr den Eintritt meiner Heimat in das Deutsche Reich“. Es war ein sentimentaler Tag, selbst die Männer standen zu ihren Gefühlen, und die Frauen, nein, die schämten sich ihrer Tränen nicht. Heim ins Reich, Heil dem Heimholer, ein Volk, ein Reich, ein Österreicher und dergleichen mehr. Hitler ist schon länger tot, Österreich wieder frei gekommen von Deutschland, der Heldenplatz aber noch immer der Heldenplatz, wenn auch der Ort der österreichischen Schmach. Niemand hat die seltsam duldungsstarre Ekstase 1938 auf dem Platz besser beschrieben als der Dichter Ernst Jandl:

pirsch!
döppelte der gottelbock von Sa-Atz zu Sa-Atz
mit hünig sprenkem stimmstummel
balzerig würmelte es im männchensee
und den weibern: ward so pfingstig ums heil
zumahn: wenn ein knie-ender sie hirschelte.

Ah, da ächzt das Korrektursystem, das vom Dichterwort auch sonst gern überfordert ist. Dass der Jandl frauenfeindlich ist, wird von der automatischen Fehlerkontrolle allerdings ohne weiteres akzeptiert. Aber vielleicht ist Jandl gar nicht frauenfeindlich, sehr geehrter Herr Kunze, vielleicht beschreibt er ja bloß, wie den Weibern leise die Vorstellung durchs Gemüt zog, dass der *Gottelbock sie hünig hirschelte*, gleich hier auf dem Heldenplatz, wo Ostern und Weihnachten auf einen Tag fielen, wo ihnen vor dem göttlichen Heiland (oder heiligen Bock) so *pfingstig ums heil* wurde. Es ist nicht besonders appetitlich, aber dem *barbarischen Bock* (wie ihn Joachim Fest zufolge die Journalistin Ulrike Meinhof nannte) sind seinerzeit nicht bloß die männlichen Volksgenossen nachgelaufen, sondern mit inbrünstiger Begeisterung auch die bis dahin tugendsamen (deutschen wie österreichischen) Frauen. An jenem Märztag im Jahre 1938 auf dem Wiener Heldenplatz erlagen sie alle dem so wenig göttlichen, aber dafür schnurrbärtigen Bock.

Das Wort *Gottelbock* ist, wie uns der Schriftsteller und Sprachwissenschaftler Alois Brandstetter versichert, in Österreich heute dank Ernst Jandl gang und gäbe, was für Österreich und ein gewisses historisches Bewusstsein spricht. Im Reichsrest ist man stattdessen auf die schon früher bewährte Parole *Du bist Deutschland!* verfallen. Dazu Ernst Jandl, im gleichen Gedicht:

verwogener stirnscheitelunterschwang
nach nöten nördlich, kechelte
mit zu-nummernder aufs bluten feilzer stimme
hinsensend sämmertliche eigenwäscher.

von Willi Winkler

Die Nase nach oben schnäuzen

Cornelia Motz aus München fragt, woher die Redewendung „stolz wie Oskar“ stammt – frech wie Oskar klingt unsere Antwort

Liebe Frau Motz,

haben Sie die feine Spitze oben im Vorspann bemerkt? Die konnten wir weder uns verkneifen noch Ihnen ersparen, da die zur Debatte gestellte Redewendung nun einmal anders lautet, als Sie sie im Ohr haben. Nichts für ungut also!

Um aber kurz beim Stolz zu bleiben, so gibt es für ihn derart viele Vergleichsgrößen, dass man sich fragt, wieso dafür der Oskar bemüht werden müsste. Hier ein paar Fundstücke aus K.F.W. Wanders *Deutschem Sprichwörter-Lexikon* (1866), das zu Recht als *Ein Hausschatz für das deutsche Volk* gilt: „Der Stolz meint, sein Ei habe zwei Dotter; Der Stolz reitet zu Pferde aus und kommt zu Fuß nach Haus; Stolz – die Bettlad' is von Holz oder Stolz schnäuzt die Nase nach oben“. Ferner: „Er ist stolz wie ein Kapuziner, wie ein Spanier, wie ein Preuße oder gar wie eine Sau aus Kalisch“, wozu man wissen muss, dass Kalisch als eine sehr dreckige Stadt galt.

Auch bei *frech* stellt sich der Oskar nicht von selber ein. Stattdessen greift der Volksmund, will er das Maß der Frechheit sinnfällig machen, ins Tierreich: Er ist frech wie eine Mücke, wie ein Rohrspatz oder wie ein Dachs, welch Letzterer als Frechdachs seinerseits eine gewisse sprichwörtliche Eigenständigkeit erlangte. Erwähnt sei auch, aus der Moerser Gegend: He es so frech as en mager Ferken. Der treffliche

Abraham a Sancta Clara hingegen sagt: Man ist nie frecher als beim Becher.

Wir haben den Oskar über all dem nicht aus dem Blick verloren und sagen gleich hier, dass damit weder der Hollywood-Oscar gemeint ist noch Oskar Lafontaine, für wie patentauglich man diesen auch halten mag. Lutz Röhrichs *Lexikon der sprichwörtlichen Redensarten*, auch ein Hausschatz, bietet drei Erklärungen an: Oskar Blumenthal, Oskar Seifert und das jiddische Wort ossik (frech, verhärtet). Die dritte Variante ließ sich nicht verifizieren, weder an der Münchner noch an der Düsseldorfer Uni konnten die Institute für Jiddistik etwas mit dieser Vokabel anfangen.

Bei Richard Oskar Seifert handelt es sich um ein Leipziger Original, einen Jahrmarktsverkäufer, dessen Schlagfertigkeit und derbe Ausdrucksweise allgemein bekannt und wohl auch beliebt waren. Das klingt nach einem Treffer, doch wenn man dann liest, dass *Bild* einen Medienpreis namens *Osgar* an Leute wie den Fußballtrainer Matthias Sammer oder die Lustige Musikantin Stefanie Hertel vergibt, fragt man sich, ob Richard Oskar Seifert wirklich so frech war, dass sich eine Redensart um ihn herum bilden konnte.

Damit zu jenem Oskar Blumenthal, den auch der Duden als Namensgeber für die ungeklärte Redensart in Erwägung zieht. Man kann nicht behaupten, dass Blumenthal heute in jedermanns Gedächtnis ist, und so sei denn mit dem gebührenden Respekt darauf verwiesen, dass das *Weiße Rössl* von Benatzky, Stolz, Gilbert, Granichstaedten, Müller und Charell auf einem Lustspiel fußt, das Blumenthal zusammen mit Gustav Kadelburg verfasst hatte. Da kann man gut lustig sein!

Oskar Blumenthal lebte von 1852 bis 1917 und muss als Kritiker das gewesen sein, was man ätzend nennen könnte, hätte nicht mittlerweile das Wort ätzend einen eigenartigen Bedeutungswandel mitgemacht. Im Internet ist einiges aus seiner *spitzen Feder* zu finden, besonders dieser wirklich runde Aphorismus: „Die Fähigkeit, auf welche die Menschen am meisten Wert legen, ist die Zahlungsfähigkeit." Daneben trifft man auf ein paar Kleingedichte, die zwar nicht eben frech wie Oskar sind, aber sonstigen Exemplaren dieses Genres doch klar überlegen. Hier ein Beispiel:

Kein Tagedieb wird überdrüssig,
sich abzuhasten für ein Nichts:
Sie gehn ein ganzes Leben müßig
im Schweiße ihres Angesichts.

Und weil noch Platz ist, ein zweites:

Das ist ein hässliches Gebrechen,
wenn Menschen wie die Bücher sprechen.
Doch reich und fruchtbar sind für jeden
die Bücher, die wie Menschen reden.

von Hermann Unterstöger

Hasloche un Broche

Hans Eckl aus München wüsste gerne, warum man sich „einen guten Rutsch" wünscht

Lieber Herr Eckl,

zum großen Finale legt man jedem nahe, er möge doch *gut hineinkommen, gut hineinrutschen, einen guten Rutsch haben* ins neue Jahr. Und wenn einer energisch protestiert, weil er nicht rutschend und fallend, sondern aufrecht stehend oder höchstens leise schwankend den ersten Januartag erleben will, erhebt sich gleich die Frage nach dem Ursprung des Rutsches.

Der hat nichts, aber auch gar nichts zu tun mit Ausrutschen oder Hinknallen auf glattem Gelände: Seit etwa 1900, so das *Lexikon der sprichwörtlichen Redensarten*, verbindet sich mit dem *guten Rutsch* die Vorstellung des langsamen, sanften Hinübergleitens von der alten, der abgelaufenen, in die neue, die unverbrauchte Zeit. Deshalb wünscht man sich auch: Komm gut rüber! „Ich wünsche glückliche Rutsche, nur keinen Splitter in 'n Arsch" – riefen seinerzeit drastisch die Jerrentowitzer. Und Lutz Röhrich im *Lexikon der sprichwörtlichen Redensarten* oder Heinz Küpper im *Wörterbuch der Alltagssprache* leiten den Silvesterwunsch vom Gebrauch des Wortes *Rutsch* für Reise ab.

Ursprünglich geht *Rutsch* aber wohl zurück auf hebräisch *Rosch*. Das bedeutet Kopf oder Anfang. Man wünscht sich also, dass es gut beginne, das neue Jahr, und stellt sich dabei vor, dass es unverbraucht und erhobenen Hauptes daherkommt. Der ebenfalls gern ausgestoßene Ruf *Hals- und Beinbruch* hat übrigens nichts zu tun mit Orthopädie, *hazlacha we brocha* bedeutet im Hebräischen Glück und Segen. Daraus wurde im Jiddischen *Hasloche un Broche.* Wahrscheinlich verstanden deutschsprachige Zuhörer diese Worte als *Hals- und Beinbruch*, sagt Knaurs Wörterbuch. Das englische *break a leg* wiederum leitet sich womöglich von der Übersetzung des deutschen Wunsches ab. Nur Abergläubische glauben, dass Neidhammel aus dem Geisterreich dem Übles zufügen wollen, dem man Glück und Freude wünscht. Schlechtes müsse man ihm wünschen, so der Aberglaube weiter, dann würden ihn die bösen Mächte verschonen.

Zum Schluss lassen wir den Antoine de Saint-Exupéry zu Wort kommen. Der hat in seinem *Gebet zum Jahreswechsel* ein Anliegen. Er bittet „um Zucht und Maß, daß ich nicht durch das Leben rutsche und auf Lichtblicke und Höhepunkte achte, sowie mir Zeit für Besinnung, Erholung und kulturellen Genuß nehme …“ Kommen Sie also gut rüber, Herr Eckl, und achten Sie auf Lichtblicke, Höhen und Tiefen, im Leben wie in der Liebe!

von Birgit Weidinger

7.

Könner *und* Macher

Des Dichters Klage

Marianne Hutecker aus München: Woher kommt „mein lieber Freund und Kupferstecher“?

Sehr verehrte Frau Hutecker,

wie kommt es, fragen Sie, dass der Ausdruck *mein lieber Freund und Kupferstecher* so ironisch klingt, wo es sich doch beim Kupferstechen um eine exakte Kunst handelt, bei der man sich keinen ironischen Schlenker erlauben kann. Dafür, dachten wir, sorgt der Sprachgebrauch, und der wird's schon wissen. Der Sprachgebrauch macht, was er lustig ist, und wo Sie uns schon fragen, würden wir bei dieser appellativen Doppelung einen etwas angejahrten Jargon-Rest aus der alten Burschenherrlichkeit vermuten, mit dem man eigentlich keinen Philister mehr hinterm Ofen vorzulocken vermag.

Überraschenderweise taucht der kupferstechende Freund aber auch in dem Lied *Der Infant* der *Ärzte* auf:

Als Kind, da wollt ich immer so wie Batman sein.
Am Tage Playboy und nachts ein Rächer.
Jetzt treten mir die Playmates glatt die Türe ein,
mein lieber Freund und Kupferstecher.

Rächer-Kupferstecher, kein ganz reiner, aber ein ironischer Reim. Sicherheitshalber wandten wir uns an den Duden, und zwar an das achtbändige *Wörterbuch der deutschen Sprache*. Danach soll der Freund und Kupferstecher auf das Gedicht *An den Gevatter Kupferstecher Barth* des Lyrikers Friedrich

Rückert (1788–1866) zurückgehen. Carl Barth hat allerdings unter anderem Kupfer gestochen, und manchmal redete sein Freund Rückert ihn auch brieflich als „Freund und Kupferstecher“ an, aber sonst trifft diese Auskunft leider nicht zu. Ein Rückert-Gedicht dieses Titels konnten wir nicht finden, umso mehr erfreute uns aber der Hinweis, Barth habe für das Bibliographische Institut gearbeitet. Das ist doch – wir blättern zurück zur Impressum-Seite –, das ist doch jenes Institut, in dem heute der Duden erscheint! Hier hätten wir also einen besonders eklatanten und eklatant irreführenden Fall von Schleich- und Eigenwerbung.

Da wollen wir nicht zurückstehen und möchten bei Ihnen wie bei all unseren Lesern schamlos für Rückerts *Kindertodtenlieder* werben. Der Dichter und Gelehrte verlor zwei seiner Kinder bereits im zartesten Alter und trauerte in rührenden Gedichten um sie. Dem Freund (ohne Kupferstecher) Barth, der ihm jeweils ein Pastell von Ernst und Luise gemalt hatte, widmete er eins, das den Vergleich von Original und Abbild zum Thema hat.

Jedes gefiel mir besser,
Das mir zuletzt erschien,
Das eine nur etwas blässer,
Das andere mehr karmin.

Am Ende habe die Kunst den Sieg über die Natur davongetragen, klagt der Dichter, aber ironisch ist das nicht, bloß traurig.

von Willi Winkler

Ferkel und Schweine

Christiane Imhof aus Karlsruhe möchte wissen, woher der Begriff „Winkeladvokat" kommt

Sehr geehrte Frau Imhof,

zunächst denken wir an Heinrich Heine, der im *Buch der Lieder* des Nachts schwärmt:

Eingewiegt von Meereswellen
Und von träumenden Gedanken
Lieg ich still in der Kajüte,
In dem dunkeln Winkelbette.

Still schwärmt der Dichter auf seiner heimeligen, von des Meeres und der Liebe Wellen umspülten Liegestatt im Winkel, erfüllt ist er von der Sehnsucht nach der Geliebten. Andere Sachverhalte und Personen, die den Winkel im Namen tragen, wecken keine solch angenehmen Empfindungen. Winkel: Das westgermanische Substantiv bedeutet Biegung, Krümmung, Knick, Ecke. Dazu gibt es winkelig – voller Winkel oder winkeln – zu einem Winkel beugen.

Und daher leitet sich der *Winkeladvokat* ab. Erst Anfang des 19. Jahrhunderts hat sich die Bezeichnung verbreitet, sagt der Herkunfts-Duden, und zwar für den unbefugten, heimlichen Winkelarbeiter. Heute wird damit ein mit fragwürdigen Mitteln operierender Rechtsanwalt oder -berater benannt. *Meyers Großes Konversationslexikon* offeriert den *Winkeladvokaten*, auch Rechtskonsulent genannt, als eine Person, die, ohne Rechtsanwalt zu sein, berufsmäßig Rechtsfragen gegen Entgelt erledigt.

Unter Filmfans berühmt wurde der gerissene Winkeladvokat Willie Gingrich: Walter Matthau spielt ihn 1965 in der Billy-Wilder-Komödie *Der Glückspilz*, er und Jack Lemmon geben ein Duo par excellence. Auch der deutsche Film *Soll und Haben* aus dem Jahr 1924 zeigt einen prominent besetzten Winkeladvokaten: Heinrich George spielt unter der Regie von Carl Wilhelm diesen Anwalt namens Hippus, der mit einem gesellschaftlichen Trittbrettfahrer kungelt. Und ja nicht vergessen werden darf der unheimliche Dr. Winkel aus Graham Greenes Meisterwerk *Der dritte Mann* (1949), den Erich Ponto in der meisterhaften Verfilmung Carol Reeds als verschlagenen Schleimer darstellt.

Als eine andere sprichwörtliche Bezeichnung für den *Winkeladvokaten* ist der *Ferkelstecher* bekannt. Der führt die kleinen Prozesse (sticht die Ferkel), während die Advokaten die großen übernehmen (die erwachsenen Schweine stechen).

Weitere Winkelgesellen, die sich auf (arg)listige Art durchs Leben mogeln, sind der *Winkelarzt*, ein Quacksalber, und der *Winkelagent*, ein dubioser, übel beleumdeter Geschäftemacher. Und wenn einer Winkelzüge unternimmt, dann geht er trickreich vor.

Zum Schluss ein positiver Blickwinkel: Seneca ermuntert zu der Einsicht, dass wir nicht für einen einzelnen Winkel geboren sind, sondern dass die ganze Welt unser Vaterland ist.

von Birgit Weidinger

Des Teufels Spießgeselle

Christine Carlé will wissen, woher die Wendung „weiß der Henker" kommt – „zum Henker!"

Liebe Frau Carlé,

seine amtliche Bezeichnung war Scharfrichter (*Scharpfrichter* in alten Texten). Dem Volk gefiel das Wort nicht. Weil der Scharpfrichter in unseren Breiten nicht mehr so oft mit dem Scharfrichterschwert hantierte, der scharfe Richter dem Galgen den Vorzug zu geben hatte, wich das Volk auf den anschaulicheren Ausdruck Henker aus. *Henken* bedeutet im Althochdeutschen kreuzigen. Das Wort hat die gleiche Sprachwurzel wie unser *hängen*, spezialisiert sich aber auf das Zu-Tode-Bringen durch Hängen, wobei feine Unterschiede eine Rolle spielten. Simples Aufhängen führt zum Ersticken. Die Schlinge zieht sich zu, dem Delinquenten wird grässlich die Luft abgedrückt. Das Henken ist eleganter, man möchte fast sagen humaner. Beim klassischen Henken wird die Schlinge so unter das Kinn gelegt, dass sie sich gar nicht zuzieht, sondern beim Absturz den Kopf ruckartig nach hinten reißt: Das Genick bricht. Der Tod tritt rasch ein. Die Zeit der Qual ist kürzer. Dieses Henken war eine Kunst, dem Fachmann vorbehalten. Das Volk freilich machte keine großen Unterschiede. Es nannte auch den bloßen Aufhänger Henker.

Dieser Mensch, der letzte Mensch vor der Auffahrt in den Himmel oder, was den gierigen Zuschauern wahrscheinlicher zu sein schien, vor dem Fall in die Hölle, dieser Henker war dem Volk unheimlich. Da die wirklichen Verbrecher sowieso in der

Hölle landeten, galt derjenige, der sie dorthin beförderte, als ein Genosse des Teufels. Der Henker trug meist auch eine Kapuze, damit man in ihm nicht den menschlichen Nachbarn erkennen konnte, der er ja auch war.

Knecht, Geselle des Teufels: also selbst teuflisch. Den Teufel aber rief man lange Zeit nicht bei seinem Namen. Der war tabu. Es wäre wie eine Beschwörung gewesen. Vielleicht wäre er erschienen, hätte man in Zweifelsfällen laut gerufen *das weiß der Teufel!* Also – Sie ahnen es, liebe Frau Carlé – wich man aus auf seinen vermeintlichen Verbündeten, den Henker. *Das weiß der Henker!* meint den Bösen, den Satan, den Durcheinanderschmeißer. Aber wie in manchen anderen Fällen nutzte sich der indirekte Gebrauch ab. Der Teufel wurde vergessen, der Henker blieb. Er konnte eine neue Position einnehmen in Sprüchen fast freudiger Verblüffung. So beginnt Heinrich von Kleists wunderbares Possenspiel um den Dorfrichter Adam mit dem hinterhältigen Ausruf des Schreibers Licht: „Ei, was zum Henker, sagt Gevatter Adam! Was ist mit Euch geschehn? Wie seht Ihr aus?" Der Henker ist im bürgerlichen Alltag angekommen – ohne Teufelei.

von Klaus Podak

Geheimnisträger

Gerald Häring aus Kötzting grübelt über die Wendung „unter uns Pfarrerstöchtern“

Sehr geehrter Herr Häring,

im Pfarrhaus blühte früher gewiss nicht weniger Unglück als draußen in der Welt auch, aber es klang doch gleich anders, wenn der Pfarrherr die irdische Mühsal vorübergehend mit so reinen Versen wie

Gelassen stieg die Nacht ans Land,
Lehnt träumend an der Berge Wand.

verdrängte oder mit einem Mordsaufwand davon berichtete, wie der kaum geborene Tristram Shandy gar unsanft an wichtigster Stelle kupiert wird. Aus dem vertrauten Umgang, der im alten Pfarrhaus mit der Literatur gepflogen wurde, muss dann die Vertraulichkeit *unter uns Pfarrerstöchtern* geworden sein. Die Redensart ist auf jeden Fall blumiger als das immer etwas angestrengt klingende *sub rosa* oder *entre nous.*

In der katholischen Kirche sollte der Zölibat Ehe und Kinder verhindern, was nicht durchweg gelang. Die Natur, die Liebe vielleicht sogar, wollte auch noch ein Wörtel mitreden. Nicht einmal der Pfarrer lebt vom Brot allein, und nicht immer blieb die Aufgabe der Pfarrersköchin auf die Ernährung ihres geistlichen Herrn beschränkt. Die Pfarrerstöchter gab es natürlich nie offiziell, und sie wurden, wenn es sie, nebst pp. Söhnen, doch gab, mit höherem Segen rasch verfindelkindet. Das nicht besonders süße Geheimnis, im katholischen Pfarrhaus gezeugt worden zu sein, mag zum semantischen Transfer und den von Ihnen bemerkten „leicht lasziven Konnotaten“ dieser Redensart geführt haben. Die kritischen Protestanten haben sie sich unter den Nagel gerissen und ihr damit jeden Witz genommen. Um die Pastorentöchter ist weiter nichts Geheimnisvolles, sie können, sie dürfen alles, vor allem: sein. Zwei Pastorentöchter fielen uns auf Anhieb ein, die es weit gebracht haben: Elke Sommer und Angela Merkel. Die eine bis nach Hollywood, die andre ins Kanzleramt. Keine ganz schlechte Karriere, möglich nur bei unsern vom rechten Glauben abgefallenen Brüdern und Schwestern.

Wie aber steht es mit dieser Szene? Der Möbelfabrikant Heinrich Wels und der Möbelhändler Martin Oppermann tauschen sich 1933 über die schlechte wirtschaftliche Lage aus, unter der sie beide zu leiden haben. Wels meint: „Unter uns Pfarrerstöchtern können wir uns das ja ruhig sagen.“ Die beiden Diskutanten sind selbstverständlich weder Töchter noch sonst Pfarrerskinder: Wels ist ein Nazi, der sich mit der Bewegung endlich den Aufschwung erhofft, und Oppermann ist ein Jude, der dafür büßen wird. Der Satz steht in dem Roman *Die Geschwister Oppermann* von Lion Feuchtwanger, der nach 1932 nie wieder in das Land der Pfarrers- und Pastorentöchter zurückgekehrt ist.

von Willi Winkler

Vom Reiz des Kehlbalkens

Herr Friedrich Bestenreiner aus Grünwald fragt, warum man „es halten kann wie ein Dachdecker“

Sehr geehrter Herr Bestenreiner,

die Kunst des Dachdeckens wird viel zu wenig als solche gesehen, was allerdings auch daran liegen mag, dass sie meist in einer Höhe zelebriert wird, in die wir Normalfallsüchtigen uns lieber nicht wagen. So bleibt uns die Poesie des Biberschwanzdachs und der Drempelzange verborgen, um für heute ganz vom Aufschiebling zu schweigen, ohne den das schönste Kehlbalkendach nichts wert ist. Ohne dass wir von solch gefährlichen Liebschaften wüssten, sind im Hohlziegeldach Mönch und Nonne in luftiger Höhe aufs Wundersamste getraut, und was der Dachdecker da oben einmal vereinigt hat, wird so leicht kein Erdling mehr trennen. Der Dachdecker, jedenfalls wenn er nicht mit der tristen Prosa von Eternit und Wellblech belästigt wird, ist der letzte freischaffende Künstler. Er ist viel an der frischen Luft, schreitet, wenn er denn absteigt, wettergegerbt und sonnengebräunt einher, und die Blicke der Mädchen jeglichen Alters folgen ihm nach. Er aber zieht die Gesellschaft von Tauben und Dohlen vor und grüßt wie ein König hinaus ins weite Land. „Zwischen Himmel und Erde ist des Schieferdeckers Reich“, heißt es in einer früher recht bekannten Novelle Otto Ludwigs. „Tief unten das lärmende Gewühl der Wanderer der Erde, hoch oben die Wanderer des Himmels, die stillen Wolken in ihrem großen Gang.“

Ja, wer da mitgehen könnte! Da steht aber schon die Bundesausbildungsverordnung davor, und Höhenangst haben wir ehrlich gesagt auch. So bleibt der Dachdecker der uneingeschränkte Herrscher in seinem Luftkönigreich. Dieser Klassen-, Standes- und auf jeden Fall Höhenunterschied mag der offiziellen Bauhandwerkervertretung eine etwas defätistische Antwort auf Ihre Frage, sehr geehrter Herr Bestenreiner, eingegeben haben. Demnach kann es der Dachdecker halten wie ein Dachdecker, weil sich der ängstliche Bauherr doch nicht hinauftraut und lieber ein unvollendetes, ein schadhaftes Dach in Kauf nimmt, als selber Kopf und Kragen zu riskieren. Bei unserem Gewährsmann Otto Ludwig hält es der eine Bruder Dachdecker nicht mehr mit dem andern aus. Eine Frau ist im Spiel, auch der Teufel Alkohol, und so kommt es hoch da droben zu einem Kampf auf Ehre und Leben, den nur einer übersteht. Er trägt den selbst unter Dachdeckern ungewöhnlichen Namen Apollonius und kann sich noch so eben an einem Balken halten, der andere nicht mehr. „Die Gewichte tief unter ihnen rasseln, und es schlägt zwei Uhr", schließt Otto Ludwig seinen Bericht von diesem waghalsigen Streit. Und damit wären wir zum Glück wieder auf dem Boden.

von Willi Winkler

Ein Loch ist im Eimer

Herr Lutz Korthaus aus Bayreuth wüsste gerne, warum man sich „wie die Kesselflicker" streitet

Sehr geehrter Herr Korthaus,

einst ging der Kesselflicker durch die Dörfer und die Straßen der Städte und fragte nach Geschirr, das aufgedoppelt, repariert und neu verzinnt werden musste. Ein guter Kessel galt als Anschaffung fürs Leben, die Reparatur verlängerte dies Leben, durfte aber nicht viel kosten. So wichtig dieser Beruf war, so schlecht stand es um sein Ansehen. Die ihn ausübten, gehörten nämlich keiner Zunft an und waren nicht einmal sesshaft. Sie galten, mit einem alten Wort, als fahrendes Volk und waren zumeist Zigeuner. Ihr ambulantes Wesen erlaubte den Sinti und Roma keine regelrechte Schmiede mit einem Amboss und einer rauchenden Esse, doch ließ sich das dehnbare Kupfer, die entsprechende Fertigkeit vorausgesetzt, auch in Kaltschmiedetechnik in die gewünschte Form treiben. Dieses Werk, so wichtig es war, hatte keinen goldenen Boden und kam nie mit einer Garantie, da die Ausführenden längst weitergezogen waren, wenn der Kessel wieder leckte.

Der Rohrspatz schimpft, die Fischweiber streiten sich, aber niemand pöbelt und flucht so heftig wie der Kesselflicker, den es doch längst nur mehr in dieser alten Redensart gibt. Die Vermutung liegt nahe, dass die Verständigung beim Behämmern eiserner oder kupferner Kessel, beim Ausbessern von Pfannen und allerlei Gefäßen, durch den kakophonen Lärm so sehr erschwert wurde, dass man sich mit groben, gern auch gestisch unterstützten Flüchen behelfen musste. Wie die Kesselflicker eben. Andererseits: Wer hätte sich denn der *multikulturalistischen* Mühe unterzogen, nach draußen ins Feldlager der Wanderleute zu gehen und sie bei ihrer Arbeit zu beobachten? Nein, sehr geehrter Herr Korthaus, hier liegt eine ganz andere Erklärung näher. Die Kesselflicker gehörten schon vor fünfhundert Jahren zum Lumpenpack, und wer sich so bezeichnet fand, stand gesellschaftlich auf einer Stufe mit den von Stadt- und Ackerbürgern verachteten Zigeunern. Die bedienten sich einer Geheimsprache, gebrauchten eine Art Rotwelsch, das sich vielleicht ein wenig italienisch anhörte und es doch nicht war. Dass man sie nicht verstand, machte die Zigeuner hoch verdächtig, und dass sie nicht dazugehörten, signalisierte selbstverständlich lauter Verbrecher. Hier hätten wir also ein Musterbeispiel sprachlicher Denunzierung, denn der Vorwurf, es schimpfe jemand wie ein Kesselflicker, ist, neben der heute empfindlich registrierten Diskriminierung einer Minderheit, seinerseits eine üble Beschimpfung des Gegenübers. Und die Kessel? Die werden heute nicht mehr geflickt, sondern gleich weggeworfen – manchmal schimpft noch einer über die Massenware.

von Willi Winkler

Und die Luftmaid ging dahin …

Günter Schullenberg aus Düsseldorf will wissen, wieso Flugbegleiter „Flugbegleiter" heißen und nicht, wie heutzutage zu erwarten, Stewards

Lieber Herr Schullenberg,

wir könnten es uns leicht machen und Ihnen schreiben, dass man Flugbegleiter deshalb Flugbegleiter nennt, weil sie den Flug begleiten. Amen. Das wäre aber erstens unhöflich, zweitens würde diese Kolumne nicht voll, und drittens wäre es nicht die ganze Wahrheit. In der Tat begleiten die Flugbegleiter nicht den Flug als solchen – da müssten sie ja im Freien, also außen mitfliegen –, sondern die Passagiere, auch Fluggäste genannt.

Archivalien der Deutschen Lufthansa lassen den Schluss zu, dass zunächst die Termini Luftsteward und Luftstewardess galten. 1938 gab die Lufthansa eine Pressemitteilung heraus, der zufolge der erste deutsche Luftsteward zehn Jahre im Dienst ist: Arthur Hove, gebürtiger Hamburger und vormaliger Schiffssteward; seine Küche in der viermotorigen G38 schilderten die *Leipziger Neuesten Nachrichten* als „blitzblank und überaus praktisch". Wann der englische Begriff zugunsten eines deutschen aufgegeben wurde, ist nicht zu klären, doch spricht der Jahresbericht 1938 der Lufthansa durchgehend von Flugbegleitern.

Dort wird übrigens auch schon die Geschlechterfrage erörtert: „Für den Einsatz männlicher Flugbegleiter sprach die Tatsache, dass diese jederzeit auf allen, auch auf Fernstrecken verwendet werden können; dagegen lässt die bei ausländischen Luftverkehrsgesellschaften beobachtete Werbewirkung den Einsatz weiblicher Flugbegleiter vorteilhafter erscheinen."

Der *Völkische Beobachter* sang im Mai 1938 das Hohelied dieses neuen Mädchenberufs, dessen Aspirantinnen fließend Englisch und Französisch können, „vor allen Dingen aber immer froh und guten Mutes sein" müssten. Das Blatt glaubte auch zu wissen, dass die Lufthansa ihre Stewardessen künftig Luftmaiden nennen werde.

Heute beschreibt man bei der Lufthansa die Flugbegleiter als „die Schnittstelle zwischen Fluggast und Airline". Das tut beim Hören fast weh, scheint aber in der Praxis nicht so wild zu sein. Die Leute werden nach der Devise *Our Style, your Smile* ausgebildet, sollen „kontaktfreudig, serviceorientiert und diplomatisch" sein und letztlich Folgendes leisten: „Mit einem Lächeln auf den Lippen begleiten Sie unsere Gäste um die Welt." Wenn dies Lächeln so beständig ist, wie Vielflieger uns oft weismachen wollen, liegt das sicher nicht in erster Linie an der Bezahlung. Nach einem halben Jahr verdienen Flugbegleiter im Monat netto 1.782,56 Euro. Wer sich trotzdem bewerben will: 01803/224366.

Dass die Flugbegleitung auch ihre dunklen Seiten hat, versteht sich. Wir wollen uns hier nicht auf Hexenausritte und dergleichen kaprizieren, aber vom Doktor Faust sollte doch kurz die Rede sein. Als der mit einem von zwei Drachen gezogenen Wagen – gewissermaßen einem frühen zweistrahligen Flugzeug – in die weite Welt ausfuhr, hatte er einen höchst dubiosen Flugbegleiter, nämlich Mephisto. Zwischen ihnen entspinnt sich ein anrührender Dialog. Faust: „Mein Mephistopheles, wo muss ich nu hinaus?" Mephisto: „Das lass dich nicht irren." Derlei hört man gern an der Schnittstelle zwischen Fluggast und Airline.

Und was, werden Sie jetzt fragen, ist mit dem Flugbegleiter in der Dichtung? Auch hierzu können wir etwas Schönes, ja Wundersames anbieten: ein Gedicht von Robert Gernhardt (aus

Wörtersee, © beim Autor), dessen Eckzeilen Eichendorffs nicht weniger schönem Gedicht *Zwielicht* entstammen und das hier wiedergegeben sei:

Dämmrung will die Flügel spreiten,
wird uns alsobald verlassen,
willst du ihren Flug begleiten,
musst du sie am Bürzel fassen.
Freilich, mancher, der so reiste,
fiel aus großer Höh' hinunter,
weil er einschlief und vereiste.
Hüte dich, bleib wach und munter.

von Hermann Unterstöger

Singt, liebt und gewinnt

Saskia Klaiber und ihre Freundin wüssten gern, warum man „sich freut wie ein Schneekönig“

Liebe Frau Klaiber,

gleich zu Beginn meinen wir, dass Sie und Ihre Freundin vielleicht doch ein wenig schwarzsehen, wenn Ihnen in Ihrer E-Mail scheint, dass „Schnee und Kälte mit Bösem“ zu tun haben. Das kann schon deshalb nicht zutreffen, weil man sich sonst nicht so königlich freuen könnte wie der *Schneekönig* in der Redewendung! Auch finstere Drogenbarone und Dealer, die manchmal als Schneekönige bezeichnet werden, weil sie Big Business mit Schnee – also Drogen – machen und klammheimliches Vergnügen daran finden, sind mit diesem Ausspruch keineswegs gemeint.

Nein, hier widmen wir uns gerne einem kleinen Vogel, der zum König gekürt wurde. Dass die Wahl auf ihn fiel, ist eine alte Geschichte, die der Fabeldichter Äsop erstmals erzählt hat. Da ließ sich dieser Vogel in einem Wettstreit um die Krone im Vogelreich auf den Flügeln eines Adlers in die Lüfte tragen, und als der müde war, flog er selbst los, um den Adler an Höhe zu übertreffen. Aristoteles und Plutarch nennen den Vogel *Basiliskos* (kleiner König) oder *Basileus* (König), und andere Länder, so weit voneinander entfernt wie Frankreich und Litauen oder Polen und die Schweiz, sprechen vom *Zaunkönig*. Die Brüder Grimm haben dem kleinen König zwei Märchen gewidmet. Und die berühmte Schimpansenforscherin Jane Goodall hat die Geschichte vom Wettstreit der Vögel in einem wunderschön illustrierten Buch nacherzählt.

Dieser kleine Vogel war stets als sehr sangesfreudig bekannt – zu allen Jahreszeiten. Der französische Naturforscher Pierre Belon schwärmte, „er ist ein Vogel, der beständig zum Singen bereit ist, spät des Abends und früh am Morgen! Und besonders zur Winterszeit, dann ist sein Gesang kaum weniger stolz als der Nachtigall ihrer." Von einer Stimme schwärmt ein anderer Bewunderer, „die sich zu einer Jahreszeit hören lässt, wo das Stillschweigen der Luftbewohner nur vom Gekrächze der Raben unterbrochen wird …" Diese ganzjährige Sangesfreudigkeit erklärt, warum der *Zaunkönig* auch *Schneekönig* genannt wird: Sein Gesang mitten im Winter gilt seit frühesten Zeiten als Ausdruck der Fröhlichkeit und Freude: Der Schneekönig – einer der kleinsten Vögel Europas – ist gewitzt und listig, nicht nur, weil er den Adler im Flug übertrumpft hat, sondern weil er unverdrossen gegen die Kälte ansingt. Auch sonst ist er nicht faul: Das Männchen Zaun- oder Schneekönig pflegt aktive Zuneigung zu vielen Weibchen.

Noch ein wenig Literatur gefällig über das rührige Tier, das auch der Jahresvogel 2004 war? Im Englischen heißt der Zaun- oder Schneekönig *wren*, ein Wort germanischen Ursprungs. Viele Dichter haben ihn besungen – Wordsworth zum Beispiel oder Emily Dickinson. Shakespeare hat ihn mehrmals zitiert. Auch Edward Lear, der Dichter des edlen Nonsense, widmet dem *wren* einen schönen Vers:

There was an Old Man with a beard
Who said, „it is just as I feared!
Two Owls and a Hen/ four Larks and a Wren,
Have all built their nests in my beard!"

(Es war ein alter Mann mit 'nem Bart
Der sagte: „'s ist traurig und schad.
Zwei Eulen und 'ne Henn', vier Lerchen und ein Wren
nisten allesamt in meinem Bart).

Ist das nicht ein lustiges Bild? – Sollten Sie, liebe Frau Klaiber, und Ihre Freundin, sich mal grämen über den Winter, stellen Sie sich einfach Lears Mann mit dem Vogelnest vor, und freuen Sie sich dann wie zwei *Schneekönige*!

von Birgit Weidinger

8.

Tierleben

Die Sünderinnen

Mary Janz aus Freiburg hätte doch gerne gewusst, was alles auf eine Kuhhaut geht

Sehr verehrte Frau Janz,

eines hat uns sehr betrübt: Die Redensart von der Kuhhaut bezieht sich nicht auf die Sage von der Phönizierin Dido, die auf der Flucht in Nordafrika anlegte, allwo sie Land in der Größe einer Kuhhaut zugesprochen erhielt. Das aber wusste die schöne Königstochter so haushälterisch auszulegen, dass sie besagtes Fell in schmale und immer schmälere Streifen zersäbelte und am Ende ein anständiges und vor allem eigenes Königreich damit umfangen konnte, das nachmalige Karthago immerhin. Wie gesagt – dass diese schöne Geschichte nichts mit der so schnell vollgeschriebenen Kuhhaut aus dem Sprichwort zu tun haben soll, hat uns bei der Kuh-Recherche dann doch am meisten betrübt. Vielmehr fußt sie, wie dem trefflichen Lutz Röhrich zu entnehmen ist, auf einer moralischen Erzählung aus dem frommen Mittelalter. Danach sah sich der Pfarrer in der Kirche bei der Verrichtung seines Messwerks durch den Teufel gestört, der in der Ecke hockte und an einem Stück Pergament nagte. Warum denn dies gotteslästerliche Treiben, fragte ihn der Pfarrer, der wohl auch sein geistliches Tun am Altar nicht genug gewürdigt fand. Darauf der Teufel: „Aber ich muss doch das Sündenregister ständig verlängern, denn die Frauen hier schwatzen so viel."

Das Mittelalter, sehr verehrte Frau Janz, war ein ganz kleines bisschen frauenfeindlich und neigte deshalb dazu, das säkulare

Schnattern in der Kirche mit unter die Sünden zu rechnen, so dass der erwähnte Herr Teufel manchmal mit dem Notieren gar nicht mehr nachkam. Für den Alltagsgebrauch auch des Teufels genügte im 14. Jahrhundert meist ein Schaf- oder Lammfell, an dem er in der Geschichte mehr oder weniger bildlich zerrt und zupft, um es zu strecken. Eine Kuhhaut wäre demnach schon das Großformat unter den naturbelassenen Kontorbüchern, und wenn nicht einmal die ausreichen sollte, dann haben wir es mit ungewöhnlich vielen Vergehen, einem jungen Pfarrer oder eben einer Hyperbel zu tun, einer rhetorischen Übertreibung.

Für das Kuhfell ist heute wenig Verwendung, was auch damit zusammenhängen mag, dass der Teufel sich seltener zeigt oder die Frauen gar nicht erst die Kirche aufsuchen, wenn sie einen gepflegten Ratsch halten wollen. Das sollte uns aber nicht daran hindern, in der Kuhhaut das Trägermedium für alles Buchenswerte zu sehen und eine Metapher für das, was Sie, des Morgens zumeist, in Händen halten: die Zeitung. Bei der hat es der Weltgeist aber freundlicherweise so eingerichtet, dass jeden Tag nur so viel geschieht, dass es genau auf die Haut und in die Zeitung passt.

von Willi Winkler

Kein Speck, kein Pelz

Frau Uta Ziegan aus Seelze wüsste gerne, warum es heißt „arm wie eine Kirchenmaus"

Sehr verehrte Frau Ziegan,

wahrscheinlich treten wir Ihnen nicht zu nahe, wenn wir Sie als Seelzerin eher im Norddeutschen und damit im protestantischen Seelsorgegebiet beheimatet glauben. Der härene Mönch Martinus Luther konnte sich seinerzeit ja nicht genugtun in seinem Eifern über die Pfaffen, die, statt Gottes Wort zu verkünden, nur damit beschäftigt seien, ihren „bauch zu neeren". Kugelrund malte er sie in seinen Sendschreiben, wohlgenährt von den Almosen, Zehr- und Peterspfennigen, Wegegeldern und all den Sporteln, die sich ums geistliche Amt rankten. Er hatte, erleuchtet vom göttlichen Feuer, natürlich Recht, und in der Kirche war zwar keine Maus, aber doch der Wurm drin. Wobei sich die himmlische Gerechtigkeit nicht lumpen ließ und für einen irdischen Ausgleich sorgte: Dem entsprungenen Mönch nämlich hat sie nicht bloß eine liebe Frau ins Bett gelegt, sondern ihn überm Ehestand so kapaunendick werden lassen wie seine Feinde.

Doch Sie wollten ja wissen, warum im Sprichwort ausgerechnet Kirchenmäuse als bettelarm gelten. Sehen Sie, sehr verehrte Frau Ziegan, da erkennen wir wieder den guten protestantischen Geist, der der Obrigkeit grundsätzlich misstraut und deshalb vermutet, dass es der Kirche als Körperschaft recht eignen Rechts doch gar nicht so schlecht ergeht auf Erden: Kirchensteuer, eigene Lehrstühle, die vordersten Vertreter ständig in der Talkshow oder im flotten Tanze mit Friede Springer ... ah, verzeihen Sie, da haben wir uns wohl davontragen lassen. Und da soll die Maus in der Kirche so arm dran sein? Ihr Zweifel, sehr verehrte Frau Ziegan, ehrt Sie, aber wir müssen die große Institution Kirche diesmal im Dorf lassen und uns hier an den realen Ort, an das einzelne Kirchengebäude halten. In dieser Kirche, und wiederum gilt das ganz ökumenisch für alle in Deutschland steuerpflichtigen Glaubensgemeinschaften, gibt es, anders als in den alten heidnischen Kultstätten, herzlich wenig zu knabbern. Mit Speck, heißt es, fängt man Mäuse. Die protestantische wie die katholische Ethik verlangt aber als Opfergabe nach klingender Münze. Nicht mehr Tauben oder Lämmer, gar Ochsen sollen geopfert werden, sondern im Kasten muss gutes deutsches Geld klingen. Für die Maus gab es in der Kirche, gleich ob romanisch, gotisch oder barock, nichts zu beißen, nicht mal einen Faden.

„Mein Märchen ist aus", so enden die Brüder Grimm ihre Hungerleidergeschichte von Hänsel und Gretel, „dort läuft eine Maus, wer sie fängt, der darf sich eine große, große Pelzkappe daraus machen." Ja, schön wär's.

von Willi Winkler

Frühlingsgefühle

Michael Aymans aus Aachen will wissen, was es mit dem „Schäferstündchen" auf sich hat

Lieber Herr Aymans,

der Frühling kommt doch, daran ist auch bei Aprilwetter nicht zu zweifeln. Und mit dem Frühling kommen die Frühlingsgefühle wieder, auch das wissen wir alle aus guter Erfahrung. Blühende Wiesen, blauer Himmel mit Tupfern weißer Wölkchen drauf, laue Lüfte, die Sonne lässt sich wieder mehr sehen – und dann diese Frühlingsgefühle. Wenn außerdem hier und da noch wollige Schafe unermüdlich an frischen Gräsern zupfen, dann kann man schon auf so allerlei Gedanken kommen. Und man fragt sich vielleicht, wann denn die Schäferstunde schlägt, in der wir nach der kalten Zeit den Naturmenschen in uns wiederfinden können.

Die *Schäferstunde*, nicht die neckische Verkleinerungsform mit *-stündchen*, verdanken wir den Franzosen: *L'heure du berger* ist die Stunde des Schäfers, die Stunde eines unerwarteten, geschenkten Glücks. Ein altes Lexikon klärt auf, dass dies ganz eindeutig zu verstehen ist. Es heißt da: „Dieser sprichwörtliche Ausdruck schreibt sich von einem Mädchen her, das einen Edelmann, seinen erklärten Liebhaber, nicht erhören wollte, aber sich dem Schäfer desselben in einem jener Augenblicke hingab, in welchem auch das züchtigste Mädchen seine Schwächen hat." Reizend und galant ist das formuliert. Es fehlt ganz und gar der leicht verschwiemelte Beiklang, den die Verkleinerung im Deutschen mit sich führt. Der Schäfer hat einfach Glück gehabt – und das züchtigste Mädchen wohl auch.

Aber es gibt noch eine andere Erklärung des sprichwörtlichen Ausdrucks. Sie führt auch nach Frankreich, in die Zeit des so genannten Rokokos, ungefähr in der Mitte des 18. Jahrhunderts. Es ist die Epoche des Ancien Régime, des Absolutismus vor der Französischen Revolution von 1789. Strenge Hofetikette schnürte die adeligen Schichten um den Hof des Königs ein. Auf höchst künstliche Art suchte man eine ebenfalls von Etikette bestimmte Annäherung an Natur. Die Menschen, die es sich leisten konnten – echte Schäfer waren nicht darunter –, gefielen sich in der Nachahmung des Landlebens, das als naiv und unschuldig ausgegeben wurde. Schäferdichtung, antiken Vorbildern nachgemacht, kam in Mode.

Das, was in fein gedrechselten Versen verklärt wurde, das wollten die Herrschaften in ihren Parks nachspielen. Also putzte man sich heraus als Schäfer und als Schäferin und spielte die erfundenen Szenen idyllischen Landlebens nach. Die *Schäferstunden* oder auch *-stündchen* waren geboren. Frühlingsgefühle in Verkleidung konnten ausgelebt werden.

von Klaus Podak

Ein dummer Freund

Sebastian Dégardin aus Hamburg wüsste gern, woher der „Bärendienst" kommt, den einer leistet

Lieber Herr Dégardin,

im Mediengeschnatter um Bruno, den Problembären, war auch die keck gedrechselte Schlagzeile zu lesen: „Betäubungsspritze ein Bärendienst an Meister Petz?" Dieser *Bärendienst* am Bären erinnert uns daran, dass dem Bären im Sprach- und Sprichwortgut der Deutschen eine herausragende Stellung seit Jahrhunderten nicht abzusprechen ist. Da hat einer einen Bärenhunger. Ein anderer ist ein Kerl wie ein Bär. Ein Mensch von brummiger Wesensart hat eine Bärenlaune, ist ein Brummbär. Manch einem wird ein Bär aufgebunden. Auch von einem Bärenspiel war einst die Rede, und das große Lexikon der Brüder Grimm erklärt es als „Bärentanz und die Verkleidung in Bären, ehmals eine große Volkslust". Hübsch ist auch die Redensart *Wenn es ein Bär wär, würde er dich beißen.* Das sagte man zu einem Menschen, der etwas suchte, das direkt vor seiner Nase lag.

Der *Bärendienst* aber, den man jemandem erweist oder dessen man selbst teilhaftig wird, ist gar nicht so alt, wie man vermuten könnte. Die Redensartenforscher sind sich einig, dass die Wendung so um 1900 im Deutschen auftaucht. Eine erste Fundstelle geben sie aber alle nicht an. Über die Bedeutung herrscht Einigkeit: „Eine unzweckmäßige Hilfeleistung geben, jemandem ungewollt Schaden zufügen." Die Herleitung des Ausdrucks ist ein wenig spekulativ, denn in der Quelle, auf die sich die Sprachuntersucher geeinigt haben, kommt das Wort vom *Bärendienst* gar nicht vor, wenigstens aber ein Bär, der einem Menschen einen Liebesdienst erweisen möchte – mit schrecklichen Folgen.

Um 1900 also erschien die deutsche Übersetzung einer Fabel des französischen Dichters Jean de La Fontaine (1621–1695). Die Geschichte heißt *Der Bär und der Gartenfreund.* Die beiden leben einträchtig zusammen und teilen sich die Arbeit. Einst schlief der Gartenfreund, den Schlafenden belästigten Fliegen. Der Bär verscheuchte sie, aber eine besonders hartnäckige wollte nicht weichen. „Wart nur!", so ruft er aus. „Dich werde ich schon kriegen!" Der Bär schnappt sich einen Pflasterstein und schleudert ihn auf Fliege und Gartenfreund, worauf dieser „mausetot" auf der Strecke bleibt. La Fontaine kommentiert diesen Bärendienst am Ende seines Gedichts mit den Worten: „Nichts bringt so viel Gefahr uns wie ein dummer Freund; weit besser ist ein kluger Feind." Problembären gab es eben schon lange vor Bruno.

von Klaus Podak

Nürnberger Spezialität

Alexander Hilmer aus München wüsste gerne, warum jemand „grinst wie ein Honigkuchenpferd"

Sehr geehrter Herr Hilmer,

„Dem von der Zunge die Rede noch süßer als Honig daherfloß", heißt es über den weisen Griechen Nestor in der *Ilias*. Doch, so der Experte für Redewendungen, Lutz Röhrich, spricht man heute von „honigsüßer Rede", gilt, was seinerzeit eine Belobigung darstellte, mehr als spöttischer Kommentar. Ähnlich doppeldeutig verhält es sich mit dem *grinsenden* oder *strahlenden Honigkuchenpferd* (mit Korinthen drauf). Es bezeichnet einen, der sich mächtig freut, aber auch einen naiven, einfältigen Menschen.

Das Honigkuchenpferd ist ein gebackener Honigkuchen in Pferdeform. Er besteht aus einem lebkuchenähnlichen Teig mit Gewürzen und gilt als Nürnberger Spezialität. Das Gebäck wurde früher wegen der kostbaren Hauptzutat Honig als Festtagsspeise verzehrt. Zentren der Honigkuchenbäckerei waren Städte wie Nürnberg, Braunschweig, Halle, Danzig.

Die Redewendung, dass einer *grinst* oder *strahlt wie ein Honigkuchenpferd*, hat sich seit 1858 umgangssprachlich eingebürgert. Die Formulierung bezieht sich auf die Süße, die üppige Form und die attraktiven Verzierungen des Honiggebäcks. Die zweite negative Definition, die einen selbstgefällig grinsenden Menschen einfältig und dumm findet, ist laut Küppers *Wörterbuch der deutschen Umgangssprache* seit 1900 regional bekannt.

Wenn nun ein Engländer in seiner Muttersprache ausdrücken will, dass jemand grinst oder strahlt wie ein *Honigkuchenpferd*, dann holt er sich Hilfe von einer ganz besonderen Katze, der Cheshire Cat: „He grins like a Cheshire Cat“, sagt er. Die Cheshire Cat treibt sich in Lewis Carrolls *Alice in Wonderland* herum, kommt und geht, wann sie will, und hinterlässt auch mal nur ihr Grinsen. Carroll soll sie in einem Kirchenschnitzwerk in Croft-on-Tees entdeckt haben. Und: Im Hafen von Chester jagten die so genannten Cheshire Cats Ratten und Mäuse, die von den Frachtern mit Cheshirekäseladungen kamen: Weil diese Cats als die glücklichsten Katzen Englands galten, grinsten sie permanent.

Ob Sie, sehr geehrter Herr Hilmer, nun das *Honigkuchenpferd* bevorzugen oder die *Cheshire Cat* – das richtet sich wohl auch nach Ihren Geschmacksvorlieben: Honigkuchen enthält neben reinem Bienenhonig Zimt, Anis, Piment, Nelken, Koriander und Ingwer. Cheshire Cheese, eine der am längsten bekannten Käsesorten Englands, gibt es handelsüblich in drei Varianten: Weiß, Rot, Blau. Der eine Gourmet schätzt den jungen milden und saftigen Käse, der andere freut sich wie ein *Honigkuchenpferd* über einen gut gereiften Cheshire mit intensiv würzigem Aroma.

von Birgit Weidinger

Knollenschnabel

Marcus Everding aus Truchtlaching möchte wissen, was „Kalte Ente" bedeutet

Lieber Herr Everding,

endlich können wir wieder einmal in *Brehms Tierleben* herumschmökern, diesem einzigartigen zoologischen Kompendium, das jeden Krimi und jede Quizshow in den Schatten stellt. Haben Sie beispielsweise gewusst, dass die Wüstenspringmaus auch ein großer Schmusebär ist? „Setzt man sie auf die Hand und streichelt sie sanft mit dem Finger, so schließt sie wie verzückt die Augen zur Hälfte, rührt minutenlang kein Glied und vergißt Freiheit und alles andere." Über die weniger zutrauliche Ente wird berichtet, dass sie sich von den Gänsen hauptsächlich durch die niederen Füße und von den Schwänen durch den kürzeren Hals unterscheidet und mit einem prächtig glänzenden Gefieder sowie mit einem putzig gebogenen, „an der Wurzel knollig aufgetriebenen" Schnabel aufwarten kann. Zum Enten-Schicksal gehört allerdings, dass sie, selbst nach kapriziösen Flugmanövern, immer wieder auf dem Teller landet, mal als knusprige Bratente mit Serviettenknödel und Blaukraut, mal als aufgeschnittenes Entenbrustfilet in Rotweinsoße. Im Amazonasgebiet begegnet man diesem Federvieh mit deutlich mehr Respekt, dort wird es als heilig angesehen und gilt als Beschützer von Bohnensträuchern und Obstbäumen. Und in der finnischen Mythologie wird die watschelnde Ente sogar als Erschafferin der Welt verehrt. Viele Jahrhunderte später wird sie dann als lahme Ente verunglimpft und mutiert bei dem Märchenerzähler Hans Christian Andersen zum hässlichen Entlein, eine Schmach, von der sich die gut 100 Entenarten bis heute nicht wirklich erholt haben ...

Nun würde man vermuten, lieber Herr Everding, dass sich hinter der Kalten Ente ein Leckerbissen verbirgt, ähnlich dem Falschen Hasen, Armen Ritter oder Strammen Max. Oder vielleicht auch ein anonymes Mitglied aus Walt Disneys großer Entenhausen-Familie. Aber nichts da, die Frage führt uns ins wilde Partyleben. Mit der Kalten Ente wird ein Cocktail bezeichnet, der es sehr wohl mit einem Cuba Libre oder einer Pink Lady aufnehmen kann: ein eiswürfelgekühltes Getränk aus Sekt und Weißwein, garniert mit Zitronenscheiben, vorzugsweise in einem Bowle-Gefäß kredenzt und zum Schnäbeln geradezu animierend. Einer Legende nach – hoffentlich keine Zeitungsente! – soll Clemens Wenzeslaus, der letzte Kurfürst von Trier, der Erfinder sein. Eines Sommerabends spreizte er mal wieder sein Gefieder und gab auf der Koblenzer Schlossterrasse ein rauschendes Fest. Mixte, wohl nicht mehr ganz nüchtern, zur Mitternacht Mosel- und Rheinwein sowie Champagner und etwas Zitronenmelisse. Der dazugehörige Trinkspruch ist leider nicht überliefert.

von Sven Siedenberg

Des Teufels Abgesandte

Doris Lichtenberg will wissen, warum die Maus manchmal keinen Faden abbeißt

Liebe Frau Lichtenberg,

Gertrud ist schuld. Nicht irgendeine der Gertruden, die das irdische Leben verschönern, sondern Gertrud, die singuläre, die Lichtgestalt, die nur 33 (einige schreiben gar bloß 27) Jahre alt geworden ist: die heilige Gertrud von Nivelles, Tochter Pippins des Älteren, die von 626 bis 659 (oder 653) n. Chr. lebte. Und das kam so.

Man rief einst, im Mittelalter, diese heilige Frau an, um der Ratten und der Mäuse Herr zu werden, die oft die gesamte Ernte verputzten, hatte doch Gertrud zu ihren Lebzeiten einmal ganz Brabant vor einer Mäuseplage bewahrt, durch pures Beten. Eine tolle Nummer, die aber die Sache mit dem Faden, den die Maus nicht abbeißt, noch nicht ganz erklärt. Viel später aber wurde der 17. März als Tag der Heiligen, als Gertrudentag ausgerufen.

Nun wird es, wenn wir Lutz Röhrich und seinem *Lexikon der sprichwörtlichen Redensarten* einmal Glauben schenken, ein bisschen kompliziert. Denn der 17. März war für die Bauern der Tag, an dem ungefähr der Frühling seinen Anfang nimmt, die Winterarbeit aufhört und die Bestellung der Felder beginnt. Wir wissen das noch, weil *im Märzen der Bauer die Rösslein anspannt*. Zu den Arbeiten des Winters gehörte das Spinnen von Flachs. Wenn nun am Gertrudentag noch gesponnen wurde, dann, hieß es, käme die Maus gelaufen und würde den Flachsfaden durchbeißen. Die Parole lautete: Nicht flachsen, pflügen! Einer der vielen Merkverse dazu ging so: *Gertrud hört mit Spinnen auf, sonst läuft die Maus den Faden auf und beißt ihn ab.* Wenn kein Flachs mehr gesponnen wurde, weil die Spinnerin auf den Acker ging, konnte keine Maus mehr den Faden durchbeißen. Wenn das Naturereignis Frühling das Leben dramatisch verändert hatte, war, wie wir heute zu sagen pflegen, aus die Maus. Röhrich fasst zusammen, „dass mit dem 17. März das Spinnen aufzuhören habe". Wen wundert es aber noch, dass die Maus keinen Faden abbiss, wenn gar keiner mehr da war? Da stimmt etwas nicht.

Wir glauben dem Herrn Röhrich nicht ganz. Er versorgt uns in seinem Lexikon auch mit der Abbildung eines Einblattdrucks aus dem 15. Jahrhundert, auf dem Gertrud neben Rocken und Spindel sitzt. Einen Faden hält sie mit der Linken, sechs rattenartige, mausähnliche Wesen springen umher im Gemach. Drei der hässlichen Tiere machen sich am Spinnwerk zu schaffen, völlig erfolglos. Mäuse aber, das wissen wir, galten als Abgesandte des Teufels, des Herrn der Ratten und der Mäuse. Wenn allerdings höhere Mächte (hier die der guten Gertrude) walten, haben Satans Knechte nichts mehr zu melden. Keine Maus kann dann, auch wenn sie soll und will, noch einen Faden abbeißen.

von Klaus Podak

Süßer war er nie

Sabine Weiss aus Asendorf will wissen, warum es mehr rote als gelbe Gummibärchen gibt

Sehr geehrte Frau Weiss,

der Karikaturist Hans Traxler vermutet ja schon seit langem, dass wir Menschen in Wahrheit von den Gummibärchen und nicht vom Affen abstammen. Zum Beweis hat er mehrere Cartoon-Bände verfasst, in denen hält er unter anderem eine Szene aus dem alten Rom fest, wo Kaiser Nero seinen Palastkatzen lauter bunte Gummibärchen zum Fraße vorwerfen lässt …

Historisch verbürgt ist die Existenz von Gummibären aus dem Ägypten des 11. Jahrhunderts. Kalif al-Zahir ließ an hohen islamischen Feiertagen seine Paläste mit Figuren aus Zuckergummi ausschmücken. Unter seinen Nachfolgern wurden diese Schaustücke lebensgroß, am Ende der Festlichkeiten überließ man sie hungrigen Bettlern. Die Kreuzfahrer des Mittelalters brachten den Zuckergummi schließlich nach Europa, so wie sie auch das Marzipan und den Krokant mitbrachten. Dort schrumpften die Bärchen allerdings wieder auf das Format einer Kleinplastik. Zu rascheln begannen die Gummibärchen in den zwanziger Jahren, als die Süßwarenfabrik Haribo das aus Glukosesirup, Zucker, Gelatine und Farbstoffen zusammengemixte Naschwerk in Tüten abfüllte. Was die Suchtgefahr nur erhöhte: Kaiser Wilhelm II. kaute angeblich täglich Gummibärchen, er hielt sie für das Beste, was die Weimarer Republik hervorgebracht habe.

Inzwischen gibt es viel mehr Gummibärchen als Mozartkugeln oder Lebkuchenherzen auf der Welt, wobei auffällt, dass sie vorwiegend in den Farben Rot, Gelb, Orange und Grün vorkommen sowie in einer farblosen Sonderform. Gründe dafür sind nicht auszumachen, obwohl es eine recht spekulierfreudige Gummibärchenforschung gibt, die sich etwa mit der „Populationsentwicklung und Vermehrungsbiologie bei Gummibären" beschäftigt (*www.gummibaeren-forschung.de*). Mitnichten ist es aber so, dass mehr rote als gelbe Gummibärchen produziert werden, wie Sie vermuten. Zitronen, Äpfel und Himbeeren führen ein gleichberechtigtes Tütendasein. Kann es sein, dass Sie die Welt lieber mit einer gelben Brille sähen? Sind Sie ein Sinnenmensch? Gelb drückt ja, sagen die Farbtherapeuten, Offenheit aus, geistige Antriebsstärke, Beweglichkeit und Weltzugewandtheit. Gelb wirkt regenerierend, stärkt die Sinne und die Konzentration.

Sie werden also bemerkt haben, dass der Gummibär, in seiner Optik einem Teddybär nachempfunden, erst vor wenigen Jahren einer kosmetischen Operation unterzogen wurde: Die Produktdesigner lifteten seine leicht grimmigen Mundwinkel. Süßer war er nie.

von Klaus Podak

Dumpfer Donner

Guenter Lauer aus München wüsste gerne, woher das Wort „büffeln" kommt

Sehr geehrter Herr Lauer,

wir (wüssten's) schon auch (gerne), zumal wir mit der Schulzeit vor langer Zeit abgeschlossen haben. Das *Büffeln* scheint uns in ein idiolektales Bedeutungsfeld mit anderen humorisierenden Starkwörtern wie *Penne* und *Pauker* zu gehören, die aus der Kaserne stammen und deshalb im Preußenreich genauso gut in der Schule anzuwenden waren, in der zum Besten von Volk und Vaterland und natürlich auch zu Nutz und Frommen des jungen Menschen noch ordentlich gezüchtigt wurde. Am Rohrstock wurde seinerzeit nicht gespart. Tatsächlich vermutet der Duden bei *büffeln* eine Ableitung vom mittelhochdeutschen *buffen*, was damals *schlagen* und *stoßen* bedeutete. Das mag die Herkunft sein, im Hintergrund grast in jedem Fall der starkhüftige, großkopferte Büffel, der, wie Sie sich vielleicht aus Karl Mays Fahrtenbüchern erinnern, so massenhaft die Flucht ergreifen konnte, dass der Prärieboden erzitterte und ein dumpf grollender Donner die Luft erfüllte. Da reicht auch der gräulichste Lärm im Klassenzimmer nicht heran, und Vokabeln und Konjugationen zu lernen, wäre in dem Getöse ohnehin unmöglich gewesen.

Es ist wohl so, dass der Büffel, ähnlich wie der dreschende Ochse, bald schon metaphorisch für einen groben Kerl stand. Auch dem Büffel- und Ochsengleichstellungsbeauftragten Martin Luther kommt das Großtier in den Sinn, wenn das streng reglementierte Beten getadelt sein soll: „die andern aber, die nur eine büffelarbeit daraus machen, können nimer mit lust noch andacht beten“, zitiert ihn das *Deutsche Wörterbuch* der Brüder Grimm (die sich im beschaulichen Göttingen auch nicht träumen ließen, dass sie eines fernen Tages als Landstörzer durch einen Film kapriolen würden). Die fehlende Lust, der Mangel an Andacht – das scheint uns doch ein Fingerzeig für die Bedeutungsherkunft des *Büffelns* zu sein. Nicht lang vor Luther setzte der so genannte Frühkapitalismus ein, begann die Mechanisierung der Arbeit, vor allem in der um 1500 wichtigsten Industrie, dem Bergbau. Luthers Vater Hans war Steiger und wusste, wie es sich unter Tage schuftet. Der Sohn emanzipierte sich davon, nicht ohne allerdings seinerseits zu schuften. *Büffeln* wäre demnach eine unwürdige Arbeit, ein unnatürlich stures, grobes, finsteres Vorsichhinlernen, das nicht besser wird, wenn es über Tage stattfindet. Im Übrigen sind wir froh, sehr geehrter Herr Lauer, die Schule überstanden und das *Büffeln* Berufeneren überlassen zu haben.

von Willi Winkler

Der Regenrufer

Heino Ziebarth aus Hamburg möchte wissen, was der Fink mit dem „Schmutzfink" zu tun hat

Sehr geehrter Herr Ziebarth,

Tiere können ja nichts dafür, dass die Menschen sich immerfort mit ihnen beschäftigen müssen. Weil die Tiere draußen vorm Fenster gar so possierlich herumhüpfen? Aber vielleicht sind wir einfach nur erleichtert darüber, dass wir's in der Evolution weiter gebracht haben als sie. Unsere italienischen Freunde spannen riesige Netze auf, um die winterwandernden Singvögel der Mikrowelle zuzuführen, und hier, auch nicht viel besser, wird die vielfach dezimierte Fauna durch so merkwürdige Arten wie den gemeinen Dreckspatz, den ausg'schamten Saubären und den inneren Schweinehund nicht unbedingt bereichert. Immer muss das arme Tier büßen für menschliches Fehlverhalten.

Im Liede nur wird der Fink wegen seines wahren Talents gewürdigt, und bald darf man mit der Wiederkehr von Amsel, Drossel, Fink und Star rechnen. Der Grünfink zum Beispiel beginnt Ende Februar mit seinem Balzgesang, macht die Finkin damit kirre, und kaum ist ein Monat um, wird schon eifrig gebrütet. Zwei-, dreimal geht das so jedes Jahr, und immer singt der Fink aus voller Brust. Aber Schmutz? Nein, sehr verehrter Herr Ziebarth, schmutzig ist der Fink schon von Natur aus nicht. Er putzt die ausgelegten Körner im Vogelhäuschen gründlich weg, tut sich an Blattläusen gütlich, fällt wohl auch in Weizenfelder ein. Sein Nest polstert er aus mit allem, was die Natur ihm bietet, und weiß es auch sauber zu halten.

Der Schmutzfink aber will auffallen um jeden Preis. Beschmiert mit Narrenhänden Tisch und Wände und zieht andere mit übler Nachrede dorthin, wo er sich offenbar am wohlsten fühlt: in den Dreck. Der Fink, der richtige Fink, hat genug Kultur, um sich daraus zu erheben und dabei auch noch zu singen. Wo aber wäre dann die Verbindung vom tschilpenden zum bloß metaphorischen Finken, das missing link? Mein alter Brockhaus von 1951 brachte mich schließlich auf die Spur. Dort ist der *Schmutzfink* ein normaler Buchfink, der den *Regenruf* ertönen lässt. Wenn der Fink schlechte Laune hat und das Wetter sich dieser Laune zu fügen droht, wechselt der Vogel vom *Finkfinkfink* in ein mattes *tühib* oder *trübib*, das der Vogel bis zu einem (herzliche Grüße an *Vogelruf.de*) quasi-jandlschen *Di di di zja zja zja zja zja zja zja zja diduwidja* zu steigern weiß. Zwar ist das Erotische, schon gar das astrein Pornografische in diesen polyphonierenden Vogellauten längst nicht ausreichend erforscht, aber Schmutz vermag ich auch hier nicht zu entdecken. Der Buchfink gilt als so genannter Kulturfolger, das heißt, er baut sich sein Nest und sucht sich seine Nahrung in der Nähe der gnadenlos schmutzenden Menschen. Da hat der Vogel einiges zu picken, tut das aber überaus zierlich und mit einem Anstand, dem auch der Mores-Lehrer Asfa-Wossen Asserate seine Anerkennung nicht versagen könnte. Zjajajaja.

von Willi Winkler

Im Wasser
Herr Jutt aus Hamburg will wissen, warum man sagt, dass Fische schwimmen

Liebe Leser und Leserinnen,

so wie in der Überschrift zitiert, hört sich die Frage von Herrn Jutt aus Hamburg ziemlich blöd an. Ja mei, ruft da der Bayer, man sagt, dass Fische schwimmen, weil sie halt schwimmen. Man sagt ja auch, dass Vögel fliegen, weil sie eben fliegen.

Aber eine solche Antwort täte Herrn Jutt bitter Unrecht. Der Zwang zur Überschriftenkürze ließ den zweiten, tiefsinnigen Teil seines Bedenkens nicht mehr zu Wort kommen. Triumphierend (mit Ausrufezeichen!) macht er klar, was ihn in Wahrheit bewegt: „Tatsächlich tauchen Fische doch eigentlich!“ Herr Jutt erläutert seinen Zweifel am Sprachgebrauch durch eine Zusammenfassung von Beobachtungen. Schwimmen sei zu definieren als „angetriebene Bewegung auf dem Wasser, mindestens mit einem Teil des Körpers über der Wasseroberfläche“. Tauchen aber sei dasselbe, aber „unterhalb der Wasseroberfläche, den Körper vollständig im Wasser versenkt“. Fische, echte Fische, tauchen demnach und schwimmen nicht. Kühn schlägt der Leser vor, den Lapsus des Sprachgebrauchs „im Zuge der Rechtschreibreform“ gleich mit zu korrigieren.

Bei einer so subtil durchdachten Fragestellung verbietet sich jede simple Antwort von selbst. Schwimmen: mehr horizontal, Tauchen: mehr von oben nach unten, das reicht nicht. Um nicht völlig ins Schwimmen zu geraten, müssen wir eintauchen in die Geschichte des Sprachgebrauchs. Und siehe da: So streng, wie Herr Jutt es vorschlägt, ist nie unterschieden worden. In Schillers Ballade *Der Taucher* lesen wir zwar: „Wer wagt es, Rittersmann oder Knapp, / Zu tauchen in diesen Schlund?" Doch wenig später, als der junge Edelknecht gesprungen ist, lesen wir: „Und geheimnisvoll über dem kühnen Schwimmer ..." (Man kann argumentieren, Schiller schrieb *Schwimmer*, weil er das als Reimwort für die nächste Zeile brauchte) „... schließt sich der Rachen, er zeigt sich nimmer." Aber das ist keine Antwort, die zufrieden macht.

Auch das vorzügliche Wörterbuch von Adelung (Leipzig 1793) schafft keine Klarheit. Dort heißt es vom Schwimmen: „Von einem flüssigen Körper getragen werden, und sich auf solche Art auf und in demselben bewegen, im Gegensatze des Untersinkens." Tauchen erklärt Adelung so: „Mit vorn nieder gebeugtem Kopfe sich in und unter einem flüssigen Körper begeben. Sich in das Wasser tauchen. Die Änten und verschiedene andere Wasservögel tauchen sich." Eintauchen, Untertauchen, das ist es, woran Adelung denkt. In seinem Artikel *Der Taucher* wechselt er am Ende, wie Schiller, zwischen Schwimmen und Tauchen: „In weiterm Verstande pflegt man auch die, welche unter dem Wasser schwimmen und nach einiger Zeit wieder emporkommen, Taucher zu nennen."

Tauchen, das ist dann doch ein guter Hinweis, geht nicht auf Dauer. Der Taucher muss wieder hoch an die Luft. Fische nicht. Nach einem zusätzlichen Studium zoologischer Fachliteratur entscheiden wir uns jetzt so: Fische, die schwimmen, können sich dauernd unter Wasser bewegen, Tiere, die beim Schwimmen den Kopf die meiste Zeit über Wasser halten müssen, können nicht ständig unter Wasser herumschwimmen. Sie tauchen unter – und tauchen wieder auf. Unser aller Mutter Evolution hat mit Zwischenstufen experimentiert: Schwimmen und Tauchen abwechselnd. Diese Übergänge machen endgültige Unterscheidungen unmöglich. Leben ist Mischmasch. Die Sprache kann's nicht richten. Sie bildet das Durcheinander ab. Kein Fall für die Rechtschreibreform, Herr Jutt.

von Klaus Podak

Der Vogel trägt keine Hosen

Sebastian Dégardin aus Hamburg möchte wissen, warum die Alster-Graugänse manchmal auf einem Bein stehen

Sehr geehrter Herr Dégardin,

wir können uns das richtig vorstellen, wie Sie eines schönen Sonntags an der Hamburger Außenalster sich ergingen, den Blick in die mittlere Weite gerichtet, damit Sie die Statuen nicht sehen müssen, die man da aufpflanzte am Ufer, die Augen weidend an den weißen Dreiecken der Segel auf dem Wasser, die Füße, sie bewegten sich so selbstverständlich, gingen so vor sich hin, zogen die Beine nach, den ganzen Körper, ah, es war eine Lust zu leben!

So leicht, so friedlich, so ganz und gar Teil des Universums und des alles aufs Feinste regulierenden Trägheitsgesetzes, und dann der Anblick des befreundeten Federviehs, das es sich ganz besonders einfach macht in diesem Universum: „Vor kurzem stellte ich zu meinem Erstaunen fest, dass die Graugänse minutenlang auf einem Bein standen, den Schnabel im Gefieder."

Wie stellt sie das bloß an, die liebe Graugans?

Wir haben versucht, uns kundig zu machen, und können Ihnen immerhin mitteilen, dass die Graugans lateinisch auf den schönen Namen *Anser anser* hört, 70 bis 85 cm groß wird, in Eurasien vorkommt und sich durch eine dunkelgraue, meist weißlich quergebänderte Ober- und eine hellgraue Unterseite mit wiederum hellgrauem Kopf auszeichnet. Die Beine, auf die es hier ankommt, sind fleischfarben; warum sie das sind, warum die Graugänse nicht mit beiden Beinen fest auf dem Boden stehen oder doch nicht immer, weiß der Meyer wieder mal nicht.

Dabei ist es so einfach. Ein Vogel, und auch die flugtaugliche, aber eher flugfaule Graugans zählt schließlich dazu, trägt ein Federkleid, das ihn vor der Umwelt schützt. Wie der Mensch fürchtet der Vogel zumal die Kälte. Während der Mensch die Stellen, wo ihm weder Haare noch Federn wachsen, möglichst warm und notfalls mit Beinkleidern zupackt (um für heute von der Freigabe speckbauchiger Leibesmitten zu schweigen, die den Ärzten noch jede kommende Änderung des staatlichen Gesundheitssystems erträglich gestaltet), hat unser armer Vogel nichts, um seine fleischfarbene Blöße zu bedecken.

Der Mensch kann wohl gelegentlich und nur für kurze Zeit auf einem Bein stehen. Schafft er's länger, dann hat er wahrscheinlich Ballettunterricht und dafür seine liebe Mühe beim Schwimmen. Die Graugans kann wie viele andere Wassertiere Tag und Nacht auf einem Bein balancieren und schläft dabei auch noch so vor sich hin, den Kopf im Gefieder, als wär' ihr die Welt draußen und erst recht die Außenalster herzlich egal. Das ist Kunst, wie der kleine Bär sagen würde, aber das ist nichts gegen den Mauersegler, der, man glaubt es kaum, beim Mauersegeln in der lauen Luft zu schlafen versteht. Warum aber tut unser Vogel das? „Ist das", fragen Sie, sehr geehrter Herr Dégardin, „ist das nicht etwas anstrengend auf Dauer?"

Ist es wohl, aber die bessere, die von der Natur vorgesehene Lösung gegen klimatische Wechselfälle. Es ist dies einbeinige beiläufige Herumstehen, erfahren wir gelegentlich eines Besuchs beim Klein- und Haustierhändler unseres Vertrauens, nicht im eigentlichen Sinne anstrengend, sondern vielmehr die Methode des durch so viele Evolutionen gegangenen, geflogenen, geschwommenen Vögeleins, den Wärmeverlust in Grenzen zu halten.

Die Federn schützen der Graugans doch nur den bauchigen

Leib, die fleischfarbenen Watschelbeine aber stehen ganz nackt im Wind. Umgekehrt ist es ein verlässliches Anzeichen für das Unwohlsein beispielsweise unseres Sittichs, wenn er seine übliche Schlafhaltung ändert, also nicht staksig dasteht und mit dem Schnabel in seine Federn hineinträumt. Nichts scheint ihm mehr recht, und solidarisch lässt nun auch noch der Ficus benjamini alle Blätter hängen. Mit einer Rotlichtlampe können wir dem armen Tier wieder etwas Wärme verschaffen, aber das hilft natürlich der allen Wettern ausgesetzten Graugans an der Außenalster auch nicht weiter.

Deshalb kann sie gar nicht anders, als gelegentlich von einem Bein aufs andere zu wechseln – Standbein, Spielbein, Strammbein – und so den Wärmeverlust möglichst gering zu halten. Wir anderen, was bliebe uns sonst übrig, müssen uns einfach warm anziehen.

von Willi Winkler

’nei und Frieden

Richard Bernhard aus Glattbach fragt, woher die Redewendung „Klappe zu, Affe tot“ kommt

Lieber Herr Bernhard,

dass der Mensch seit dem Mittelalter eine sprachliche Affenliebe zu allen Primaten hegt, verdanken wir einer frühen Ich-AG. Eines Abends im Mittelalter kam einem geschäftstüchtigen Minnesänger, Scherenschleifer oder anderem Freiberufler ohne festen Wohnsitz auf einer blühenden Vogelweide die clevere Idee der Werbepause: Immer nur schleifen, immer nur minnen, das langweilt die Kundschaft und Prinzessinnen. So wird das nix mit der Expansion. Für mîn lêhen brauch ich mehr. So ging er hin, kaufte sich einen Affen, setzte ihn auf seinen Schleifstein und brauchte sich um sein Lehen nicht mehr zu sorgen: Alles stand begeistert um seinen Affen herum, 150 Prozent Umsatzsteigerung in einem Quartal, doppelt so viele Zuschauer zur primetime.

Der Schleifer starb zwar reich, wurde dann aber zügig vergessen. Sein Affe war klüger. Er siedelte noch vor seinem Ableben in die Sprache über, wo er seither redewendig herumturnt: Wir haben einen Affen an ihm gefressen, wofür wir ihm mächtig Zucker geben; im Gegenzug laust er uns oder drückt die Soldaten, die ihren Rucksack, als der noch Tornister hieß, gerne auch *Affen* nannten.

Der Affe schlich sich also auf einem mittelalterlichen Jahrmarkt in die deutsche Sprache ein. Man könnte sagen *Klappe zu, Affe tot*, was ja bedeutet, dass eine Sache erledigt ist. Ist sie aber nicht. Die Wendung *Klappe zu, Affe tot* taucht nämlich bei keinem der mittelalterlichen Dichter auf. Oswald von Wolkenstein seufzt zwar in seinem Tagebuch: „Ich hân einen Affen gefressen an minher Königin, glaube aber, sie findet mich blöd." Und Walther von der Vogelweide schreibt in einem Brief an den Rasenden Roland: „Ich saz ûf eime steine und hab' mir ordentlich einen Affen angetrunken." Aber nirgends nichts von einem verklappten Affen.

Die Wendung *Klappe zu, Affe tot* taucht erst Mitte des 20. Jahrhunderts in deutschen Wörterbüchern auf. Und sie klingt in ihrer absurden Lakonie auch eher nach dem Berlin der 20er als nach dem Wolkenstein des 15. Jahrhunderts. Passend dazu erklärte Günther Jauch einmal in einer dieser Jahresrückblickssendungen, der Ausdruck stamme aus Berlin. Dort habe es um die Jahrhundertwende einen Zirkus gegeben, in dessen Eingangsbereich ein kleiner Affenkäfig mit offener Klappe stand. Als die Klappe eines Tages zu war, sei der Verdacht aufgekommen, dass der Affe tot sei. Aber auch wenn Jauch alle Millionärsfragen dieser Welt richtig beantworten kann: Diese Erklärung klingt, als hätte sie sich ein Vierjähriger ausgedacht.

Es kursiert noch eine andere, ganz ähnliche Anekdote, derzufolge der Schimpanse, der in den Tarzan-Filmen mit Johnny Weißmüller Cheeta darstellte, an einem Hitzschlag gestorben sei, den er nur bekam, weil einer seiner Wärter im Hochsommer eine Lüftungsklappe ... und so weiter.

Da das alles doch eher selbstgestrickt klingt, versuchen wir es jetzt mit handfester Sprachwissenschaft: Im *Wörterbuch der deutschen Alltagssprache* wird erklärt, dass der Affe in dieser Wendung ursprünglich gar kein Primat ist, sondern vom mittelhochdeutschen *apenbar*, also von *offenbar* kommt. Das Wort *Affenschande* ist eine verschliffene Kurzform der mittelalterlichen *apenbaren Schanne*, einer offenbaren Schande. *Tot* kommt der Erklärung zufolge vom niederländischen *toe*, was *zu* bedeutet. Der Spruch wäre dann eine doppelte Bestätigung einer vollbrachten Leistung: *Klappe zu, offen zu.*

Richtig überzeugend klingt das auch nicht. Irgendwie hängen all diese Erklärungen in der Luft. Darum zuletzt ein Anruf im Affenhaus des Tierparks Hellabrunn, bei den Empirikern. Der Tierpfleger Markus Klostermeier hebt ab und sagt aufgeräumt, ja das wisse er schon, der Spruch komme daher, „dass der Aff' sehr impulsiv is' und aufbrausend. Nur wennsd'n amal in an Kasten 'neisperrst, is' Frieden. Der stirbt ja net, der Aff', in dem Sinne, dass er tot is'. Der gibt bloß endlich amal a Ruh."

von Alex Rühle

9.

Lecker, *locker*

Alles Quatsch

Werner Siegert aus Stockdorf möchte wissen, woher der Ausruf „Pustekuchen!" stammt

Sehr geehrter Herr Siegert,

schön einfach wär's, könnte man Ihre Frage mit einem appetitlichen Kuchenrezept beantworten, etwa Pustekuchen nach Großmutterart. Aber auf kulinarischem Weg kommen wir der Lösung kein Schrittchen näher, so oft wir *Pustekuchen!* auch vorfinden: Lernprogramme, Spiele, Kindertagesstätten, Altenklubs, Kontaktanbahnungs-Portale heißen so. Auch Journalisten gebrauchen *Pustekuchen!*, und Friedrich Karl Waechter hat ein Kinderstück mit diesem Titel geschrieben. Gut, dass es kluge Menschen gibt, die sich mit der Herkunft des viel gebrauchten Ausrufs beschäftigen. Zum Beispiel den Professor Christoph Gutknecht, der ein Buch über kulinarische Wortgeschichten verfasst hat und folgende Interpretation ebenso verführerisch wie falsch findet: Pusten bedeutet blasen, auf etwas pusten bedeutet jemandem etwas abzuschlagen. *Ich puste auf Kuchen* wäre also gleichbedeutend mit *Pusteblume!* und hieße: eine Sache verweigern. Diese Erklärung treffe ebenso wenig zu wie eine andere, die ohne lange etymologische Erläuterungen findet, *Pustekuchen!* besage, dass man etwas nicht bekomme, was man erwartet habe.

Und was ist nun Sache? Hier, so der Professor, habe man es mit einer ausgeprägten sprachlichen Verdunkelung zu tun. Die ebenso einfache wie verblüffende Lösung: Im Rotwelschen, der deutschen Vagantenspache, werden die des Rotwelschen

Kundigen als *Ball-Chochem* bezeichnet. *Ball* heißt Herr, Mann, *Chochem* ist der Kundige, der Wissende. Aus dem rotwelschen *kochem* und dem jiddisch-hebräischen *chochem* bildete sich die Form *Kuchen*. Daraus wurde in verneinenden Kontexten Pustekuchen, denn das jiddische Wort *poschut* bedeutet wenig und wurde durch falsche Interpretation zu *Puste*. Fazit: Mit *Pustekuchen!* schiebt man eine Äußerung, einen Sachverhalt als dumm oder unklug beiseite. Drastisch ausgedrückt: alles Quatsch.

Angefügt sei noch die kuriose Geschichte des Pastors und Autors Johann Friedrich Wilhelm Pustkuchen(-Glanzow), der 1821, in Lieme bei Lemgo amtierend, Goethes Roman *Wilhelm Meister* in Fortsetzungen persiflierte, weil er ihm als zu freizügig erschien. Er entfachte einen Riesenwirbel, Goethe war wütend, und der Student Karl Marx schmähte Autor Pustkuchen als den „pustenden Meister“:

So knete deine Kuchen nur zurecht,
dann bleibst du immer doch ein Bäckersknecht.

Pustkuchens Nachkommen glauben, dass der Ausruf mit dem *e* in der Mitte sich dank ihres Vorfahren als geflügeltes Wort erhalten habe. Dieser Abstammungstheorie kann man nur ein kräftiges *Pustekuchen!* zurufen.

von Birgit Weidinger

Zum baldigen Verzehr

Roland Küster aus München möchte nicht ohne Rechtsgrund „ein Hühnchen rupfen“

Sehr geehrter Herr Küster,

da Sie so freundlich waren, Ihren Beruf gleich mit zu erwähnen, müssen wir uns doch Mühe geben, Ihre Frage nach dem zu rupfenden Hühnchen juristisch einwandfrei zu beantworten. Dass in dieser Redensart ein Vogel seines Federkleids beraubt werden soll, ist insofern etwas merkwürdig, als sich ein noch befiedertes Huhn ohnehin nicht gut essen ließe. Genaue Angaben über diese Nahrungsmetapher sind allerdings schwer zu finden. Wie die meisten stammt auch sie wohl aus Zeiten, als noch regelmäßig und nicht zum Wellness-Spaß gehungert wurde. Mit dem Huhn oder Hühnchen, wenn es denn eins gab, wurde deshalb kurzer Prozess gemacht. Eine längere Vorratshaltung war nicht möglich; einmal gerupft, musste das Vieh dem baldigen Verzehr zugeführt werden. Das Rupfen ist aber nicht bloß der Weg zum Huhn an sich (wie wir Philosophen sagen), es bezeichnet auch die drastische Bestrafung eines anderen.

Beim Anlass für diese Art metaphorischer Rupferei handelt es sich meist um Ehrenhändel. Das feine Rechtsinstitut des Duells ist ja etwas in Vergessenheit geraten, vielleicht auch nur, weil niemand mehr Lust hat, im Morgengrauen aufzustehen, um sich vor Zeugen totschießen zu lassen. Während Meinungsverschiedenheiten sonst vor Gericht ausgehandelt werden, liegt die juristische Bewertung von Kränkungen im Auge des Betrachters.

Nehmen wir also an, sehr geehrter Herr Küster, der Anwalt Ihres Prozessgegners brächte als Assistentin eine langbeinige Referendarin im Minirock mit, die dem pensionierungsnahen Richter die angeforderten Akten ins Dienstzimmer zu bringen hätte und auch zu einer weiteren eingehenden Diskussion dieser Akten bereit wäre. Angenommen weiter, Sie verlören den bereits gewonnen geglaubten Prozess, weil der Richter bei der Abwägung verschiedener Rechtsgüter das Erscheinungsbild der gegnerischen Partei mit in Anschlag brachte. Sie wären (und mit Recht) stocksauer, aber machtlos, was Ihren Ärger nur noch weiter steigerte.

Ein solcher Fall ist natürlich noch nie vorgekommen, wir leben schließlich in einem Rechtsstaat, aber würden Sie wirklich den Rechtsweg einschlagen, um Ihrem Kollegen diese Niederlage heimzuzahlen? Als Ehrenmann würden Sie ihm natürlich nicht gleich das Haus anzünden, wie es grobere Gesellen dem Richter nach der Verurteilung androhen. Nein, Sie würden den Rechtsausgleich auf andere, juristisch einwandfreie Weise anstreben. Und sei es, dass Sie Boccaccios Empfehlung folgen und das Hühnchen des erwähnten collega zu rupfen suchen.

von Willi Winkler

Blut und Glut

Robert Schuster und Albert Jehle wüssten gern, warum man „beleidigte Leberwurst“ sagt

Lieber Herr Schuster, lieber Herr Jehle,

klagt der eine: „Meine Frau spielt ständig die beleidigte Leberwurst.“ Antwortet der andere: „Hast du’s gut. Meine spielt Saxophon.“ – So geht ein Witz, der die Intensität weiblichen Schmollens über einen bestimmten Vorgang oder Sachverhalt plastisch ausdrückt. Männlicherseits schmollt es sich nicht minder gut: Zähneknirschen, Wutausbrüche, trotziges Murren, Füßestampfen, eisiges Schweigen – all diese unschönen Reaktionen werden der beleidigten Leberwurst angehängt!

Warum ist das so? Im Altertum, so lehrt die Wissenschaft, galt die Leber als Ort aller Gemütsregungen, aller Gefühle und Temperamente. Wenn also jemand grantig war oder sauer oder wütend, wenn er schmollte, dann hatte er eine beleidigte Leber. Erst in der Neuzeit kam zur beleidigten Leber die spöttisch gemeinte Ergänzung *Wurst* hinzu. *Wurst*, sagt Kluges *Etymologisches Wörterbuch*, ist ein nur deutsches Wort, das mit *wirren* zusammenhängen kann, was wiederum auf *werren*, *werran* – verwickeln – zurückgeht. Zu *werran* gehört wohl auch *Wurst*, definiert als Gemengsel, einen Hinweis auf einen Gemütszustand gibt es nicht.

Im Märchen der Brüder Grimm von der „wunderlichen Gasterei“ dagegen geht es sehr ungemütlich zu: Die Grimms erzählen von einer Blutwurst und einer Leberwurst, die auf eine Zeit in Freundschaft leben, dann aber bedroht die Blutwurst eines Tages ihre Freundin „mit einem langen, langen Messer, das blinkte, als sei's frisch gewetzt". Die Leberwurst entrinnt mit knapper Not.

Nun können aber die Geschmacksqualitäten der Leberwurst weder durch ein spöttisch gemeintes Attribut noch durch Mordkomplotte geschmälert werden. Genießen Sie, liebe Herren Schuster und Jehle, also die streichfähige, teilweise auch schnittfeste Kochwurst, hergestellt aus Leber und anderen Innereien sowie Speck, Muskelfleisch und Gewürzen wie Majoran und Thymian. Genießen Sie ebenso die Delikatessleberwurst oder die vor allem in den USA so benannte Braunschweiger. Und sollten Sie in Ihrer Umgebung weiterhin beleidigte Leberwürste vorfinden, was angesichts der menschlichen Natur unvermeidlich ist, können Sie ihnen dies auch in anderen Sprachen sagen: *he is in a huff*, heißt es auf Englisch; *il fait du boudin* auf Französisch.

Übrigens gibt es von Michael Hofmanns den Film *Eden*, in dem ein Meisterkoch mit köstlichen (Leberwurst-)Rezepten die Liebesglut sciner Angebeteten entfacht – und seine eigene dazu. Auch eine noch so beleidigte Leberwurst sollte es heiter stimmen, dass man ihr solche Fähigkeiten zutraut.

von Birgit Weidinger

Brecheisen im Moos

Gerd Braun aus Heppenheim wird ungeduldig: „Wo holt denn nun der Barthel den Most?“

Lieber Herr Braun,

das Grimmsche Wörterbuch zieht sich beim Stichwort *Barthel* nach ein paar Barthel-und-Most-Zitaten ziemlich abrupt aus der Affäre: „der ursprung dieser sprichwörter liegt im dunkel. s. schmutzbarthel.“ Der *Schmutzbartel* (ohne h plötzlich) bietet natürlich auch keinen Ausweg, weswegen wir nun zu neueren Nachschlagewerken greifen. Darin herrscht eine große Einigkeit, dass sich der Spruch aus dem Jiddischen beziehungsweise Rotwelschen herleitet und bei der Übernahme ins Umgangsdeutsche schwer verballhornt wurde.

Ursprünglich sollte er andeuten, jemand wisse, *wo der barsel das moos hole*, und wenn man für *barsel* das Brecheisen nimmt und für *moos* das Geld, dann erschließt sich der Sinn der Redensart schneller, als die Polizei erlaubt. Diese Lesart findet sich auch in jiddischen und jenischen Wörterbüchern, wobei Leo Rostens *Kleine Enzyklopädie des Jiddischen* zur Wortfamilie *maót/mójeß/moos* folgendes Bonmot beisteuert: „Die beliebte deutsche Redensart: Ohne Moos nix los! ist also eine ökonomische und keine ökologische Feststellung.“

Wer sich mit der volksetymologischen Gleichsetzung von *Barthel* und *barsel* nicht anfreunden mag, dem helfen Redensartenforscher wie K.F.W. Wander und Lutz Röhrich weiter. Beide führen sie Bartholomäus ins Feld, dessen Fest am 24. August begangen wird und den das Ohr des gemeinen Mannes nicht ohne Grund hinter dem *Barthel* hört. Folgt man dieser Spur, so wäre der Bartholomäustag, ein im Bauern- und Winzerleben auch sonst wichtiger Lostag, jener Termin, an dem bereits mit einiger Sicherheit abzusehen ist, ob und wie viel Traubenmost die Reben in diesem Jahr hergeben werden. Eine alte Wetterregel fasst diese Perspektive zusammen: „Wie sich der Bartholomäus hält, so ist der ganze Herbst bestellt."

Röhrich zufolge ist das Wort vom *Barthel* und dem *Most* eine der interessantesten Redensarten, weil immer neue Erklärungen, gute und minder gute, für sie vorgelegt werden. Es tauchen in diesem Zusammenhang allerlei historische oder halb historische Gestalten auf, etwa ein gewisser *Bartole*, der seinen Weinberg verkaufte, um neue Setzlinge kaufen zu können, ein Dummkopf also, vergleichbar jenem Bauern, der für eine neue Melkmaschine seine einzige Kuh drangibt. Vom Sinn des Sprichworts, der unterstellten Gewitztheit, bliebe bei dieser Lesart freilich nichts erhalten.

Umso näher an der Sache wäre dafür der Schultheiß *Barthel von Heilbronn*, der um 1230 gelebt und laut Wander „den Most auf eine freisinnige Weise aus dem Rathskeller entlehnt haben" soll. Röhrich erwähnt diesen Mann ebenfalls und spinnt von ihm aus einen Faden zu jenem *Barthel*, der nach altkirchlicher, wenn auch nicht biblischer Überlieferung der Bräutigam bei der Hochzeit zu Kana gewesen sein soll. Wir erinnern uns: Plötzlich war der Wein zu Ende, und Jesus schaffte durch ein allgemein begrüßtes Wunder neuen herbei. Dass es insofern hier allerdings nicht der *Barthel* war, der wusste, wo der Most zu holen sei, ist offensichtlich.

Bei Wander wird übrigens noch auf Ovid verwiesen: „Scit bene, qua frendens valle moretur aper." Das ist aus der *Liebeskunst* und führt dem Liebhaber als Beispiel einen kundigen Jäger vor Augen, der „gut weiß, in welchem Tal sich der knirschende Eber aufhält". Rein assoziativ würde man heute sagen: der weiß, wo der Hammer hängt.

von Hermann Unterstöger

Im Aquarium

Frau Thea Jösten aus Bremen fragt, warum die Teens von heute früher „Backfische“ hießen

Liebe Frau Jösten,

die Erzählung vom kleinen Goldfisch, der eigentlich ein junger Walfisch war und der mit immer mehr Ameiseneiern gefüttert wurde, stammt von Joachim Ringelnatz. Das Fischlein wuchs und wuchs, und eines Morgens überkam es den Wohlgenährten, dass er ja doch ein Walfisch sei; er blähte sich stolz ... So ähnlich, liebe Frau Jösten, wie in dieser Spintisiererei könnte man sich das Lebens- und Körpergefühl junger Mädchen vorstellen, die früher *Backfische* hießen – eine Charakterisierung, die heute nur noch wenig gebraucht wird. Himmelhochjauchzend, zu Tode betrübt, reizvoll und irritierend in ihrer Unausgegorenheit, nicht Fisch, nicht Fleisch: das waren die *Backfische*, ihr Name kommt aus dem Englischen; *backfish* nannte man einen nur halbwegs ausgereiften Fisch, der zurück – back – ins Wasser geworfen wurde, weil er zum Braten nicht taugte. Außerdem ist ein *Backfisch* im Deutschen ganz buchstäblich auch ein beliebter gebackener oder gebratener Fisch.

Seit dem 16. Jahrhundert tritt der personifizierte Backfisch auf, zuerst in Gestalt eines jungen Studenten, dann geht die Bezeichnung auf die halbwüchsigen Mädchen über: Kluges *Etymologisches Wörterbuch* meint dazu, es habe sich ursprünglich wohl um eine Verballhornung des *baccalarius*, des niedrigsten akademischen Grades, gehandelt. Doch geläufiger bleibt die Ableitung des weiblichen *Backfischs* von *backfish*.

Seine größte Beliebtheit – man weiß es von zahllosen Jungmädchenromanen, von Autorinnnen wie Else Ury, Elisabeth Halden, Tony Schumacher, Magda Trott – genoss der *Backfisch* als Heldin dramatischer Geschichten, die aber durchaus auf Lebensnähe pochten. Wilde Hummel, Trotzkopf, Goldköpfchen sind die Hauptpersonen im *Backfischbuch* des 19. Jahrhunderts, liebreizend aufmüpfig, ihrer Weiblichkeit abhold; zu guter Letzt treffen sie den starken Mann, dem sie sich freudig und möglichst lebenslang hingeben. Als *Backfischkasernen* oder *Backfischaquarien* bespöttelte man Mädchenpensionate, und in allerlei Redewendungen wurde das Geburtsdatum der Backfische populär:

„Mit dreizehn Jahren und zwei Wochen,
da ist der Backfisch ausgekrochen.
Mit siebzehn Jahren, zehn Sekunden,
da ist der Backfisch schon verschwunden."

Ohne Endangabe des Backfischalters begnügt sich die Variante:

„Mit 14 Jahrn' und sieben Wochen
ist der Backfisch ausgekrochen."

Vierzehn Jahr und sieben Wochen hat die auflagenstarke Else Ury, deren Ruhm sie nicht vor der Ermordung durch die Nazis im KZ schützte, einen ihrer Romane genannt, in dem der *Backfisch* Mary lernt, Stolz und Hochmut abzulegen. Ganz im Sinn der Autorin ...

In der Versenkung verschwunden ist der *Backfisch* auch heute nicht völlig, durchs Internet schwimmt er im Kontakt- und Fun-Magazin *Sprotte sucht Backfisch*. Ob Urys Heldinnen mit einem solchen Magazin insgeheim wohl gern Verbindung aufgenommen hätten?

von Birgit Weidinger

Der Dreh beim Fliegen

Friedhelm Flöter aus München fragt, warum ein Butterbrot immer auf die bestrichene Seite fällt

Sehr geehrter Herr Flöter,

man kann ja vom Langschläfer halten, was man will, aber Sympathiepunkte sammelt er schon dadurch, dass ihm der weit verbreitete Morgenmuffel vollkommen wesensfremd ist und er gleich mit dem Mittagessen, manchmal auch mit einem Brunch in den Tag startet. Er kennt kein Frühstücksei, das entweder immer zu hart oder immer zu weich, jedoch nie richtig durchgekocht ist. Er kennt kein schwarz gebranntes Toastbrot. Er kennt auch keine zwanghaft-ulkigen Guten-Morgen-Shows oder nervenaufreibende Rush-Hour-Erlebnisse. Der Langschläfer ist ein Mensch, der mit einem Lächeln aus der Rama-Werbung aufwacht und es den ganzen Tag spazieren trägt.

Ihrer Frage entnehmen wir, dass Sie zu den dynamischen, gleichwohl wenig beneidenswerten Frühaufstehern gehören. Nur Frühaufsteher schlurfen im Morgenmantel zum Briefkasten hinaus, um sich die Zeitung und damit das frisch gedruckte Elend dieser Welt ins Haus zu holen. Nur Frühaufsteher schleppen sich zur Bäckerei, wo sie aus 300 Brotsorten immer dieselbe Brotsorte respektive ihre Lieblingssemmel wählen. Nur Frühaufsteher haben die Krawatte beim Frühstück immer über die Schulter zurückgeschlagen, um den Kaffee nicht auf die Krawatte zu tröpfeln, sondern aufs Hemd.

Aber selbst Langschläfer freuen sich enorm darüber, dass die Deutschen als *Frühstücksweltmeister* gelten, ein von französischen Forschern vergebener Titel, der belegen soll, dass das Frühstück in Deutschland (durchschnittlich 26 Minuten) länger dauert als das Frühstück in England (16 Minuten) oder das Frühstück in Japan (15 Minuten). Und auch Langschläfer wissen, spätestens nach dem ersten Biss, dass ernährungswissenschaftlich das Frühstück die wichtigste Mahlzeit eines Tages darstellt. Kinder etwa, die regelmäßig frühstücken, sind besser in Mathematik und weniger häufig depressiv, ängstlich oder hyperaktiv als Kinder, die morgens nichts essen – solange sie nicht ständig mit einem zünftigen Weißwurstfrühstück im Bauch loszuckeln.

Lassen Sie sich jetzt bloß nicht die Butter vom Frühstücksbrot nehmen, Herr Flöter, auch wenn Sie das Kindesalter bereits überschritten haben sollten. Zumal es wirklich löblich ist, dass Sie sich am Abbau des noch immer in europäischen Kühlhäusern lagernden Butterberges beteiligen. Es ist auch ganz im Sinne der Butterindustrie, die die Vorzüge der leider immer mehr in Verruf geratenen Stulle gerne mit einem *Tag des Butterbrots* feiert. Bei solchen Anlässen kann man dann erfahren, dass Martin Luther bereits 1525 die *Putterpomme* in einem Brief lobend erwähnt und dass Pieter Brueghel d. Ältere im Jahr 1568 das angeblich erste Butterbrot-Bild malte: Es heißt *Bauernhochzeit* und zeigt in gedeckten Farben, dass Speisefett schon damals dick und zufrieden machen konnte.

Warum ein Butterbrot immer auf die bestrichene Seite fällt? Das liegt, lieber Herr Flöter, zunächst daran, dass es losgelassen wird. Ferner liegt es an der Fallhöhe: Vom Küchentisch bis zum Fußboden bleibt dem Brot genau eine halbe Umdrehung. Selbst Gewicht und Beschaffenheit des Belags wirken sich kaum auf die Flugeigenschaften aus. Mit einem Marmeladenbrot würde Ihnen also stets dasselbe Malheur passieren. Es sei denn, Sie halten beim Hinführen zum Mund die beschmierte Seite nach unten. Dann ginge dem Bodenkleckern ein Luftkleckern voraus.

von Sven Siedenberg

Vordermänner
Heide Böttger möchte wissen, warum jemand (nicht) „auf der Brennsuppe daherschwimmt“

Sehr geehrte Frau Böttger,

ganz Genaues weiß man nicht bezüglich der Herkunft dieser beliebten Redewendung. Sicher aber ist, dass es viele Varianten der Brennsuppe gibt, bayerische, schwäbische, fränkische, auf denen einer daherschwimmt – oder eben nicht. Hier das Rezept einer Brennsuppe aus Mecklenburg-Vorpommern, typisch für DDR-Zeiten: Man schmilzt Fett oder fein gehackten Speck in einer Pfanne, gibt Mehl zu, röstet das Ganze hellbraun, das heißt, man macht eine Einbrenne, gießt sie mit heißem Wasser auf und gart sie 20 Minuten. Abschmecken mit Kräutern, Zwiebeln, Salz. Anbrennen lassen sollte man die Suppe natürlich nicht. Auch wenn sich der Name Brennsuppe vom Verb *brennen* ableitet, was im übertragenen Sinn auch heißt: sich verkalkulieren. *Wenn du meinst, der Onkel zahlt alles, hast dich ganz schön brennt* ..., hast du Pech gehabt, hast du dich getäuscht. Und bist arm dran.

Wie die Leute, die die Brennsuppe aßen. Früher war diese Suppe ein Arme-Leute-Essen, das morgens aufgetischt wurde. Verfeinerungen, wie sie heute auf nostalgischen Speisekarten geboten werden, gab es nicht. Einer, der auf der Brennsuppe daherschwimmt, gilt als ein beschränkter, unbedeutender Mensch. Eine Charakterisierung, mit der aber auch die soziale Herkunft des Schwimmers gemeint sein kann. Das gibt der Medienmensch Georg Kofler zu verstehen, wenn er sagt: „Wir bei Premiere sind ja auch nicht auf der Brennsuppe dahergeschwommen." Ein anderer Prominenter äußert sich über sein Amt: „Ich bin damit sehr zufrieden. Es macht trotz gelegentlicher Schwierigkeiten Spaß, denn man hat es mit Gegnern zu tun, die nicht gerade auf der Brennsuppe dahergeschwommen sind." Und von der armen Bauerstochter, die keinen reichen Mann kriegt, heißt es bedauernd, *sie sei eben auf der Brennsupp'n daherg'schwommen.* Meist wird aber die Redewendung verneinend gebraucht, bezeichnet also positiv einen, der kein Niemand ist, der „etwas versteht und Erfahrung besitzt", wie es in Johann Baptist Schöpfs *Dialektwörterbuch*, Innsbruck 1866, definiert ist.

In seinem Lexikon *Bavarian into English* nennt Otto Hietsch englische Formulierungen für den *Brennsuppen-Schwimmer*, die mit plastischen Bildern erfreuen und alle bedeuten, dass jemand kein heuriger Hase, kein Nachzügler oder Hinterbänkler ist und nicht von gestern stammt: *I am nobody's fool, I wasn't born yesterday.* Oder: *I didn't come down with the last shower.* Oder: *I did not fall off a Christmas tree.* Schön auch die amerikanische Redewendung: *I didn't just roll into town on the hay wagon.*

von Birgit Weidinger

Cicerum italicum

Stefan Laux aus Ludwigsburg möchte wissen, woher die Kichererbse ihren Namen hat

Sehr geehrter Herr Laux,

blicken wir, auch wenn's schwer fällt, mal über den Tellerrand. Was sehen wir? Wir sehen England, wo sie viel Fleisch und wenig Gemüse essen und die Kichererbse *chickpea* nennen, was wörtlich übersetzt *Kükenerbse* bedeutet. Wir sehen Frankreich, wo sie das Land mit Croissants großzügig vollkrümeln und zur Kichererbse *poischiche* sagen, was so viel wie *sparsame Erbse* heißt. Wir sehen Italien, wo sie die Kichererbse *cece* rufen, was leider auch *Warze* bedeuten kann.

Schauen wir doch lieber auf den Teller. Dort sehen wir, je nach Speiseplan: Kichererbsenbällchen, Kichererbsenpolenta, Kichererbsensprosse zu Salat, Kichererbseneintopf, Kichererbsenpüree, Kichererbsen als Gemüse. Wobei es ratsam ist, die steinharten, schusstauglichen Kügelchen, mit denen man ohne weiteres auch Pistolen munitionieren könnte, vor der Zubereitung einzuweichen, am besten eine ganze Nacht, damit keine Magenverstimmungen auftreten. Bevor Kichererbsen auf dem Teller landen, wachsen sie in aller Regel irgendwo im warmen Süden, wo sie mit ihren vierkantigen Stengeln und pupurroten Blüten freundlich der Sonne entgegenlächeln. Aber kichern? Nein, das tun sie nicht, selbst dann nicht, wenn ein starker Wolkenbruch sie oben an den mit klebrigen Drüsenhaaren besetzten Laubblättchen oder unten an der Pfahlwurzel ganz fürchterlich kitzelt.

Die Kichererbse ist eine genügsame Pflanze. Sie gedeiht auf

sandigem Lehm oder kalkhaltigen Schotterböden. Gleichwohl ist sie sehr nahrhaft, weshalb sie in Afrika, Asien und Südamerika als wichtigster Eiweißlieferant gilt – zumindest für die ärmeren Bevölkerungsschichten. Sie ist eine alte Pflanze, schon vor gut 10 000 Jahren war sie im Vorderen Orient zuhause. Vom frühen Mittelalter an ist die Kichererbse in allen Pflanzenbüchern zu finden: im *Capitulare* von Karl dem Großen als *Cicerum italicum*; bei der heiligen Hildegard von Bingen als wohlschmeckende Speise und als Mittel gegen Fieber; und Albertus Magnus beschreibt verschiedene Kichererbsenformen mit roter, dunkler und weißer Samenschale.

Woher ihr lustiger Name stammt? Etymologisch betrachtet ist es so, dass die Kichererbse auf Lateinisch *cicer* heißt. Aus dieser Bezeichnung entwickelte sich, als man Althochdeutsch sprach, das Wort *Kihhira*. Daraus wiederum wurden im Laufe der Zeit die Silben *Ki-cher*, möglicherweise in lautlicher Anlehnung an das seit dem 16. Jahrhundert bekannte Wort *kichern*. Kulturhistorisch betrachtet ist es so, dass die Kichererbse bei den Römern als Sexualsymbol galt und der Venus geweiht war. Beim Fest der Floralien, einer rauschhaft-antiken Frühlingsfete, wurden Samen der Kichererbse unter das Volk geworfen, so ist überliefert, und mit großem Gelächter aufgefangen.

Möglicherweise war dies die Geburtsstunde des Lachsacks, mit dem die Kichererbse eng verwandt ist.

von Sven Siedenberg

Geschissene Gottesgabe

Claudia Keller aus München wüsste gerne, was es mit dem Begriff „Zinsei“ auf sich hat

Liebe Frau Keller,

ach du dickes Ei, mag sich der eine oder andere wundern angesichts der vielen eierhaltigen Ausdrücke, die zur Osterzeit aktuell sind. Erich Kästner weiß, dass während dieser Saison Hasen aus Höhlen und Gruben hoppeln: „Dort legen sie Eier, als ob's gar nichts wäre, aus Nougat, Krokant und Marzipan. Der Tapferste legt eine Bonbonniere. Er blickt dabei entschlossen ins Leere. Bonbonnieren sind leichter gesagt als getan.“

Ein *Zinsei* in seiner ursprünglichen Bedeutung findet sich nicht in der Hasenbonbonniere. Denn Zinseier, liebe Frau Keller, das waren jene Eier, die von den Bauern als Pachtzins abgegeben wurden, jeweils am Schluss des Zinsjahres, das im Mittelalter vor Ostern endete. Ei der Daus, warum denn gerade Eier, fragen wir weiter (und erinnern uns, dass Daus der Name einer Karte aus einem alten Kartenspiel ist). Nun, Hühnereier galten im Mittelalter als Fleischspeise und waren für Christen zur Fastenzeit verboten. So diente der Eierüberschuss als Zahlungsmittel. Zinseier hießen auch *Hubeier*, der Ausdruck ist seit dem 17. Jahrhundert im Sinn von *heben, gehoben* bekannt. Das Zinsei wurde auch zum *Schenkei*, das ans Gesinde oder an Bedürftige ging; heute schenken wir uns das Osterei.

Die *geschissene Gottesgabe*, wie das Ei von der Bäuerin Sophie Geisberger in Dagmar Wagners gleichnamigem Film liebevoll genannt wird, gehört zum Ostergenuss; lieber nicht auftischen soll man ungelegte Eier, also ungelöste Probleme. Wogegen man unbedingt ein Ei legen muss – was euphemistisch heißt, seine Notdurft verrichten –, wenn es die Gedärme erfordern. Eier in fremde Nester zu legen, ist wiederum nicht angebracht, auch sollte man niemanden auf seinen Eiern sitzen, sprich im Stich lassen oder das Ei neben das Nest legen, also etwas verkehrt anfangen.

Wenn einer auf Eiern geht, ist er ein ängstlicher Mensch, der aber trotzdem Glück hat, wenn er etwas für einen Apfel und ein Ei kauft. Doch legt er keinesfalls alle Eier in einen Korb oder ein Nest, will heißen, er handelt in puncto Finanzen stets vorsichtig.

Wie aus dem Ei gepellt ist jemand, der besonders appetitlich und adrett aussieht, er darf auch ein Weichei oder Warmduscher sein. Findet er gar noch das Ei des Kolumbus, nämlich eine einfache Lösung für eine schwere Frage, oder gilt als Egghead, dann ist er ein Glückskind, einer, dem seine Hühner nur Eier mit doppelten Dottern legen, wie es im Norddeutschen heißt. Erich Kästners Hasenbonbonniere leert er freudig und ganz und gar – er weiß, dass sich kein faules Ei drin versteckt.

von Birgit Weidinger

Was Royals schmeckt

Herr Dieter Brass möchte wissen, weshalb die gute Butter in Österreich „Teebutter“ heißt

Sehr geehrter Herr Brass,

sie schmeckt doch nicht nach Tee, argumentieren Sie, und Sie haben natürlich Recht – Teebutter schmeckt keineswegs nach Tee, anders ist das bei der Kräuterbutter, die schmeckt nach Kräutern, oder die Salzbutter, die schmeckt nach Salz ...

Mit der Teebutter aber hat es eine besondere Bewandtnis: Im Jahr 1900 schlossen sich rührige butterproduzierende Landwirte im oberösterreichischen Schärding zusammen und gründeten die erste österreichische *Zentral Theebutter Verkaufsgenossenschaft*. Zu dieser Zeit interessierte sich auch das englische Königshaus erstmals für Butter aus Schärding und begann, sie regelmäßig zu importieren. Denn der Ruhm der Schärdinger Butterherstellung war über die Landesgrenzen bis auf die Insel gedrungen: Eine besonders hochwertige Sorte sollte den Royals als Zutat für das feine Teegebäck dienen, das man zum traditionellen Fünf-Uhr-Tee zu servieren pflegte. Das Teegebäck schmeckte offenbar köstlich, und so entstand die Bezeichnung *Theebutter*, später *Teebutter*, mit der sich die Verkaufsgenossenschaft rühmte und die sich allgemein einbürgerte. Die Teebutter erhielt 1901 auf Kochkunstausstellungen in Paris und London einen großen Preis und eine Goldmedaille. Heute gilt sie nach den Bestimmungen des österreichischen Lebensmittelgesetzes als Butter der Güteklasse eins.

Die Schärdinger Teebutter natur wird als Süß- und Sauerrahmbutter hergestellt. Es gibt auch eine *Schärdinger Teebutter mit Zusatz*, eine feine Teebutter in den Varianten *mild gesalzen* oder *mit feinen Kräutern veredelt*. Alle Schärdinger Produkte haben einen hohen Stellenwert in der österreichischen Milch- und Käsewirtschaft.

Und die Engländer pflegen nach wie vor auf unterschiedliche Weise ihre Teekultur, so dass Sie, verehrter Herr Brass, beim Hineinbeißen in ein üppig bestrichenes Teebutter-Brot, sich durchaus auch Anna, die Duchess of Bedford, ins Gedächtnis rufen könnten. Die Dame lebte von 1788 bis 1861 und gilt als die Schöpferin der englischen Nachmittags-Tee-Kultur. Anna verspürte des Öfteren ein flaues Gefühl im Magen und führte in ihrem Hause eine Tee-Zwischenmahlzeit ein. Daraus entwickelte sich nach und nach die Tradition des Fünf-Uhr-Tees, der auch als *high tea* bezeichnet wurde, denn man servierte ihn nicht am niedrigen Teetisch, sondern am höheren Esstisch. Noch heute schnabulieren Liebhaber freudig in besseren englischen Hotels den üppigen *Five o'Clock Tea* mit feinen Schnittchen, Teegebäck und dicker Sahne.

Sie können, Herr Brass, aber auch eine Namensparallele ziehen zur *Teewurst*: Besonders bekannt ist die Rügenwalder, eine Streichmettwurst, die seit über hundert Jahren nach alten Rezepten hergestellt wird. 1903 gab ihr der damalige Firmeninhaber, Metzgermeister Carl Müller in Rügenwalde in Pommern, den Namen *Teewurst*. Rügenwalde heißt heute Darlow und liegt in Polen, die Rügenwalder Wurstfabrik stellt ihre Würste in Bad Zwischenahn her, mit ihrem geschützten Markenzeichen, der Mühle; die Produktion floriert.

Von der Wurst noch einmal zurück zur Butter: Man kann also davon ausgehen, dass sich der Verzehr hochwertiger Teebutter – vernünftig und in Maßen natürlich – günstig auf die Kondition auswirkt. Und einer, der so konditioniert ist, lässt sich nicht so leicht die Butter vom Brot nehmen.

In diesem Sinn: Guten Appetit, Herr Brass!

von Birgit Weidinger

Zug-Zwänge

Herr Roland W. Schmitt fragt nach der Herkunft der Redewendung „Hier zieht's wie Hechtsuppe"

Sehr geehrter Herr Schmitt,

der berühmte Sprachwitz der Berliner ist's, der gern mit der Verschiebung aufgeschnappter Begriffe arbeitet: *Na zum Bleistift* kommt von *zum Beispiel*, wenn einem *janz blümerant* ist, soll sich das vom französischen *bleumourant – blassblau* herleiten, und wenn es stark zieht, eben *wie Hechtsuppe*, wird das auf Jiddisch *hech supha* oder *soppa – Sturmwind, Windsbraut* zurückgeführt. Belegt ist dieser Ausspruch wahrscheinlich seit der Mitte des 19. Jahrhunderts. Allerdings – so der Sprachwissenschaftler Christoph Gutknecht und andere seiner sachkundigen Kollegen – zieht diese Herkunftsdefinition nicht: Sie sei nicht eindeutig geklärt. Auch der Duden bezieht sich auf das Jiddische: Ein Sturm habe mit starken Winden zu tun, deshalb passe die Herleitung, wenn Zugluft durchs Zimmer streicht, wenn der Wind über Straßen fegt oder über Berggipfel pfeift.

Eine weitere Deutung besagt, diese Redensart sei auf eine Fischsuppe gemünzt, die lange ziehen müsse, um ihren Geschmack voll zu entfalten. Wohl wahr, doch das Ziehenlassen einer Suppe bedeutet kaum, dass man sie starker Zugluft aussetzt. Eine dritte Variante erwähnt speziell eine Hechtsuppe, die mit Pfeffer und Meerrettich so stark gewürzt war, dass sie schmerzhaft scharf schmeckte. Manch einem mag die Erklärung zunächst die Schuhe ausziehen – wenn er nicht einräumt, dass zu viel Würze im Mund genauso scharf wirken kann wie eisiger, schneidender Wind. Das *Wörterbuch der deutschen Umgangssprache* berichtet von einer Suppe, die mit Meerrettich und Pfeffer zubereitet worden sei, auch das *Preußische Wörterbuch* weist auf eine „ursprünglich wohl scharf gewürzte Fischsuppe vom Hecht" hin. Das Ziehen hat in diesem Fall also nichts damit zu tun, dass die Fischsuppe köcheln muss, sondern dass ihr Verzehr den empfindlichen Gaumen schmerzt. *Et titt wie Hechtsupp*, seufzte man in Preußen auch, wenn man sich auf einen Schmerz in der Brust berief: eine Wehklage, die nicht mehr gebräuchlich ist.

Als schmackhaftes Rezept kommt die Hechtsuppe in der feinen Küche nach wie vor zum Zug. Und bis ins 20. Jahrhundert hinein, sagt der *Teledoktor* der ARD, ein Fachmann für Gesundheitsfragen, gab es Radprofis, die sich gerne eine gut gewürzte Hechtsuppe servieren ließen, um so schnell und so kräftig zu werden wie der Fisch. Ein Lob also der Hechtsuppe, die ziehen muss, um ihre Würze zu entfalten. Und: Sollte es ziehen wie Hechtsuppe, dann zieht vielleicht doch das Argument mit der Windsbraut – wenn es auch wissenschaftlich nicht eindeutig geklärt ist.

von Birgit Weidinger

Löffel für Löffel

Frau Irmela Möding aus München weiß nicht, wie man frische Feigen Knigge-gerecht isst

Sehr geehrte Frau Möding,

bei Ihrer Frage, wir dürfen das ganz offen ausplaudern, lief uns sogleich das Wasser im Mund zusammen: Feigen! Hmmmm! Am liebsten wären wir gleich auf den Viktualienmarkt gegangen, wo uns die Standbesitzer mit ihren bunten Früchtekörben und duftenden Kräutergärten alle Sinne betören, und hätten uns ein paar von diesen eigroßen, nach Honig schmeckenden Dingern gekauft, nebst diversen Zutaten. Dann hätten wir uns in unsere Redaktionsküche begeben und einen Feigen-Tatar zubereitet. Dazu muss man die Feigen in Würfel schneiden, mit Balsamico beträufeln, eine Prise Salz und Pfeffer beifügen, ein paar gehackte Cashewnüsse daruntermischen, auf dem Teller zu Tatar formen, etwas Sauerrahm dazugeben und mit Salatblättern garnieren. Aber dann wäre dieser Artikel nicht mehr rechtzeitig fertig geworden, und das wäre ärgerlich gewesen – für Sie und auch für uns.

Sie fragen: „Wie isst man frische Feigen Knigge-gerecht?" Das müsste, dachten wir, kurz und bündig zu beantworten sein. Aber es geht schon damit los, dass Adolph Freiherr Knigge in seinem berühmten Manieren- und Stil-Buch *Über den Umgang mit Menschen* zwar viel über das Benehmen mit neidischen, hämischen, verleumderischen, schadenfrohen, missgünstigen, eifersüchtigen, geizigen, zanksüchtigen, rachgierigen, faulen, argwöhnischen, undankbaren, redseligen, leichtgläubigen, zerstreuten, launenhaften, trinkfreudigen, überspannten und ähnlich unvollkommenen Menschen verkündet. Doch bei allen Ratschlägen, die er fachmännisch erteilt und die noch heute Gültigkeit besitzen, wird die Feige völlig ignoriert. Überhaupt sagt er wenig zur Nahrung und zur Nahrungsaufnahme, selbst das Kapitel *Windbeutel* beschäftigt sich lediglich mit jenen Windbeuteln, die man auch *Aufschneider* oder *Prahler* nennt.

Immerhin findet sich in seinem viele hundert Seiten dicken Werk ein Kapitel *Über das Verhältnis zwischen Wirt und Gast*. Darin heißt es: „Man reiche das wenige, was man der Gastfreundschaft opfern kann, in gehörigem Maße, mit guter Art, mit treuem Herzen und mit freundlichem Gesichte dar!“ Und weiter: „Man sehe nicht verlegen aus, wenn uns unerwartet ein Besuch überrascht!“ Zugleich rät Knigge: „Bei Leuten, die nicht auf einem sehr großen Fuß leben, soll man nicht leicht unvermutet kommen oder sich selbst einladen.“ Wichtig auch Folgendes: „Hat der Wirt mit seinen Leuten zu reden oder sonst häusliche Geschäfte, so schleicht man davon, bis er fertig ist. Wir sollen ruhig und still unsern Gang gehn, uns nach den Sitten des Hauses richten, den Ton der Familie annehmen, wie wenn wir Glieder derselben wären, wenig Aufwartung fordern, genügsam sein, uns nicht in häusliche Angelegenheiten mischen, nicht durch unsre Launen den Ton verstimmen, und wenn es, unsrer Meinung nach, irgendwo in der Bewirtung gemangelt hat, nicht undankbar hinter dem Rücken her darüber oder über das, was wir sonst etwa in dem Hause gesehn haben, unsern Spott treiben.“

Dem können Sie sicher zustimmen, liebe Frau Möding, denn wohnt nicht in jedem Gourmetherzen auch ganz viel Gastfreundschaft? Trotzdem müssen wir nun, um eine Antwort auf Ihre Frage zu finden, bei jenen Knigge-Epigonen nachschlagen, die die Rüpel dieser Welt vergeblich zu belehren trachten. Zum Beispiel bei Christian von Pappenheim, der einen *Eß-Knigge* verfasst hat, welcher sich dem „leichten Umgang mit schwierigen Speisen" widmet. Die unfallfreie Grätenbeseitigung beim Verzehren einer Renke wird erläutert, das angeblich geräuschlose Schlürfen beim Verspeisen einer Auster, die korrekte Schäl- und Schnitttechnik beim Zubereiten einer Mango. Aber auch hier: kein einziges Wort über die Feige.

So eine Geringschätzung hat diese aromatische Südfrucht nicht verdient! Sie mag ja etwas dünnhäutig sein und mit ihrem bräunlichen Teint unattraktiv ausschauen. Aber frische Feigen enthalten neben Zucker viel Eiweiß, Mineralstoffe (Calzium, Phosphor und Eisen) sowie verdauungsfördernde Ballaststoffe. Sie werden zur Herstellung von Marmelade, Wein und Kaffee-Ersatz verwendet. Zudem hat sie es im Laufe der Jahrhunderte in ihrer sonnigen Heimat, also in allen Mittelmeerkulturen, zu einem respektierten Symbol des Wohlbefindens und der Fruchtbarkeit geschafft. Während die Feige gerne als Metapher fürs weibliche Geschlecht angesehen wird, tritt das Feigenblatt bei Adam und Eva als Schambemäntelung in Erscheinung. Und war es nicht so, dass Buddha einst unter einem Feigenbaum erkannte, dass der Körper ein Werkzeug des Geistes ist?

Der Anruf eines Archivmitarbeiters, liebe Frau Möding, rettet uns. Wir erfahren: Die Schale wird nicht mitgegessen, deshalb werden Feigen auch nicht gewaschen, sie würden dabei nur matschig werden. Feigen werden vor dem Essen halbiert und das Fruchtfleisch ausgelöffelt. Silberlöffel für Silberlöffel.

von Sven Siedenberg

Ins Auge gespuckt

Dietmar Tank aus Ingolstadt möchte die Wendung „nicht gut Kirschen essen“ erklärt haben

Lieber Herr Tank,

die Kirsche – ob süß oder sauer – gilt ja als Vitaminbombe, dies umso mehr, seit die Europäische Union das Pflanzenschutzmittel Lebaycid weitgehend verboten hat, ein Gift, das nicht nur die Maden der gefürchteten Kirschfruchtfliege ausrottet, sondern auch den Singvögeln und anderen Lebewesen arg zusetzt. Zugleich hält sich hartnäckig das Gerücht, dass der gesundheitsbewusste Kirschenesser kein Wasser trinken darf, weil ihn sonst Bauchweh plage. Dies trifft aber nur für den Vielkirschenesser zu, in dessen Magen es zu gären und zu blubbern anfängt, was durch Wasser verstärkt wird. Wer Kirschen in Maßen genießt, darf hinterher ruhig seinen Durst löschen.

Die Redensart *nicht gut Kirschen essen,* im Duden zwischen *arm wie eine Kirchenmaus sein* und *jemandem brennt der Kittel* aufgeführt, stammt aus dem Mittelalter. Damals war der Anbau von Kirschbäumen noch auf Klostergärten und den Grund und Boden der vornehmen Leute beschränkt, was den ursprünglichen Wortlaut erklärt: „Wer mit Herren Kirschen essen will, dem werfen sie die Stiele in die Augen.“ Der Spruch warnte davor, sich mit der Oberschicht einzulassen, weil es passieren konnte, dass deren ach so feine Mitglieder beim Essen einer roten Grütze oder eines Gugelhupfs die Kirschkerne herauspulten, die sie den Untergebenen ins Gesicht spuckten, aus Langeweile oder Hochmut. Standesgrenzen und Umgangsformen mögen sich heute dem Zeitgeist angepasst haben, der Sinn der Redensart hat sich erhalten: *Mit jemandem ist schwer auszukommen, mit jemandem sollte man sich besser nicht anlegen.* Im schweizerischen Raum wird das Wort *kirschen* auch als Verb benutzt, und zwar als Nebenform von *kirren*, was so viel wie *knirschen* bedeutet, etwa in der Wendung *mit den Zähnen kirschen.*

Die Kirsche – Feinschmecker unterscheiden zwischen der weichen Herzkirsche und der knackigen Knorpelkirsche, wozu auch die schwarzrote Schattenmorelle gehört – brachte einst der römische Feldherr Lucullus von seinen Reisen am Schwarzen Meer nach Germanien, wo sie, frisch gepflückt, inzwischen massenhaft zu Konfitüre und Fruchtdessertwein verarbeitet wird. Dass das Steinobst auch eine beachtliche literarische Karriere vorzuweisen hat, davon kündet nicht zuletzt Alfred Anderschs autobiographische Erzählung *Die Kirschen der Freiheit.* Darin schildert der Autor, wie er gegen Ende des Zweiten Weltkriegs aus der Hitlerarmee desertierte. Wofür ihn viele Kameraden als *treulose Tomate* beschimpften.

von Sven Siedenberg

ISBN: 978-3-8094-3988-2

1. Auflage

Die Originalausgabe erschien unter dem Titel *Warum freut sich der Schneekönig und wie kommt die Leiche in den Keller?*

Projektleitung dieser Ausgabe: Dr. Iris Hahner
Umschlaggestaltung: Atelier Versen, Bad Aibling
Umschlagillustration: © Jürgen Gawron
Herstellung: Elke Cramer

MIX
Papier aus verantwortungsvollen Quellen
FSC® C014496
FSC
www.fsc.org

Verlagsgruppe Random House FSC® N001967

Druck und Bindung: GGP Media GmbH, Pößneck

Printed in Germany

142156101011